歴史家の書見台

山内昌之

みすず書房

楽しみは珍しき書人《ふみ》にかり
始め一ひらひろげたる時
橘曙覧

歴史家の書見台 ▩ 目次

I　イスラーム社会を知るために

目　次

目次

V　楽しみとしての読書

目次

右近勉三と
右近千鶴子の思い出に

I　イスラーム世界を知るために

男学生は背広にトルコ帽、女学生は西洋風のワンピースに高踵《ハイ・ヒール》で、颯爽として男たちと肩を並べて歩いて行くのが私の眼をひきつけた。成長すべきものはこうして成長しつつあるのかと思い、正式には女は大学の入学さえ許されない日本を顧みると、回教の厳しい教義で縛りつけられ、一方にはまだヴェイルで蔽われた女たちの住む国にもまして、私たちにのしかかっている苛酷な特殊な封建性が今更にうち驚かれるのであった。

——野上弥生子『欧米の旅』（一九三八年十月三十一日、カイロ）

イスラームの未来はどうなるか

現代の世界において、暴力やテロリズムひいては女性とイスラームをめぐる問題ほど、侃々諤々の議論を喚起するテーマはないだろう。日本の或る女流作家がジハード（聖戦）という言葉を使って『女たちのジハード』という小説を書いたように、現代イスラームについてのイメージは、しばしば〈たたかい〉と結びつけられて連想されることが多い。しかし、ジハードとは一義的には「努力」や「苦闘」という意味にほかならない。それは、伝統的なイスラームの言説では軍事的な事柄に限られることではないのだ。しかし、二〇〇一年九月十一日のアメリカ同時多発テロは、イスラームを暴力や誘拐と同一視する傾向をますます助長することになった。かの十八世紀イギリスの文芸評論家、サミュエル・ジョンソンがある時、絶え間ない焦燥と不機嫌と癇癪を伴った憂鬱症に圧倒され、意気消沈と陰鬱と癇癪のせいで生きることに苦悩したように、イスラームに強迫観念を感じるアメリカ人たちも、さながら「この不幸な病気から後々までもさっぱりと回復することはできなかった」（ボズウェル『サミュエル・ジョンスン伝』）と言われるようになるのだろうか。それはアメリカの市民にとってまことに不幸なことである。

何よりもアメリカ人はじめイスラーム世界の外にいる人びとに必要なのは、イスラームという宗教を理解しようとする努力であり、心のバランスを回復することであろう。これは日本人にもあてはまる。その意味で、サミュエル・ジョンソン博士と同国人の学者によって著された書物『一冊でわかるイスラーム』は、知性と教養を尊重する市民であれば誰でもたやすく、とかく複雑な論争を招きがちの宗教を公平に理解するよすがとして最適の入門書にちがいない。著者のマリーズ・リズンは本書執筆当時アバディーン大学でイスラーム学を教えていたが、イスラームの教義を歴史のなかで分かりやすく説いた後に、現代と未来のイスラームが抱える問題についても予測を試みた。ムスリムの土地におけるイスラーム化が進んでも、その結果は欧米との対決ではなく、むしろモスクと私的家族空間への文化的な後退になるというのだ。かれは、いわゆる「イスラーム原理主義」の猖獗《しょうけつ》による社会の急進化に否定的なのである。むしろシャリーアと呼ばれるイスラーム法が、文字通りの自治を許す制度ともいえる家族を守り続ける以上は、ムスリムの文化がますます私的な消費志向を深めるのではとリズンは指摘するのだ。

もっとも、この聖なる空間としての家族や家庭にも衛星放送やインターネットを通して新しいテクノロジーがしのびこむ現在、権威をもつ家父長であれ絶対的な権力を行使する夫であれ、外界から情報を完全にシャットアウトするのはもはや不可能なのである。ファックスやEメールは当局の検閲をほとんど無意味なものとし、インターネットによる欧米や日本の最新事情の吸収は消費や購買への意欲と贅沢をそそるものでしかない。イスラームの女性であっても、パリ・コレクションの美や東京の衣装・宝飾の豊かさに惹かれないためには、相当な意志力と決意を必要とするだろう。

この意味では、最終章でリズンも言うように、「長い目で見れば文化のグローバル化が、情報伝達技術の革命によってムスリム社会にある種の世俗化をもたらすことは間違いない」という予測は、決して間違っていない。それは、宗教や文化の面で可能な選択の幅が増えるからだというのである。リズンが欧米に移住あるいは離散の状態にあるムスリム市民に着目するのも興味深い。「ムスリム・ディアスポラ」と呼ばれる欧米社会のムスリムは、そのホスト社会における極端な世俗化現象の圧力に間断なくさらされているからである。

欧米社会で教育を受けたムスリム・ディアスポラは、強制やお仕着せのイスラームでなく、たとえばフランス的な自由の中でイスラームを発見した人びとなのである。かれらは、ボランティア活動を通してイスラーム的な価値観を表現する場も見出しているのだ。これと並行して、マリーズ・リズンは、「アーガー・ハーン・ネットワーク」などイスラームにおける社会開発のNGO活動についても高く評価するように見受けられる。アーガー・ハーンは、シーア派の有力分派たるイスマーイール派の「生けるイマーム」にほかならない。アリーから数えて四九番目にあたる現在のアーガー・ハーン四世に忠誠を表明する人びとは、インド、パキスタン、東アフリカ、ヨーロッパ、北米はもとより、中国西部や新疆ウイグル自治区から中央アジアにかけて居住している。かれらの活動に対するリズンの評価は非常に高い。

アーガー・ハーンをリーダーとするイスマーイール派共同体は、福祉と社会正義へのイスラーム的な関心が、内面的なイスラーム理解に基盤をおくイマーム位という古来の制度といかに連結されうるかを示す印象的な事例であり、そこでは行動主義的なものと静観主義的なものからなる二つのジハードが生き生きと結びつけられ、創造的エネルギーを発揮している。

（『一冊でわかるイスラーム』二〇七―八頁）

しかし、リズンはアーガー・ハーンの活動を具体的に描いているわけではない。ここでは、子島進氏の研究に依拠しながら、これからのイスラームの開発と福祉に関わる一つのあり方を示す好例としてアーガー・ハーンの活動について少し紹介しておきたい。

パキスタン北部の山岳地帯カラーコラムを舞台にした「アーガー・ハーンの開発」は、イスラームにおける「持続可能な開発」の成功例といってよいだろう。アーガー・ハーン四世は、乳幼児死亡率の減少、在学児童数の増加、組合による水路や道路の自力建設といった「住民参加による社会開発」に成功を収めている巨大ＮＧＯのリーダーである。アーガー・ハーン四世は、亡父の代までの記念行事では自分たちの体重分の金やダイアモンドが宗徒から献上されたほどの伝説的な権威と伝統に依拠しながら、「ヒューマニスト・イマーム」や「開発指導者」としての評価を欧米でも確固たるものにしてきた。かれが成功した大きな原因は、欧米の政治経済の力と知識の下でつくられたコンセプトや価値観の吸収をためらわなかったからだろう。これは、イスラームと欧米の価値観の相互浸透や吸収のこよなき実例といえよう。しかも、国連や世銀を舞台にＮＧＯや国際援助機関のトランスナショナルな開発のネットワークを利用しながら、イスラーム国家パキスタンの公権力とも協調して、ポスト冷戦にあたって実用主義と新機軸を採用したのである。これは、イスラームがもちうる鋭い現実感覚の一例として注目せねばならない。

パキスタン政府はIMFや世銀のような援助機関の存在を無視できず、世銀の方も活力あるNGOとの連携を重視し自らの開発の正当性を示す必要があった。双方は、アーガー・ハーン開発ネットワークの実績を無視できない点で共通していたのである。アーガー・ハーン四世は、パキスタン北部という特定の領域を政治的地盤としており、中央政府の政治家と選挙の票を争わない棲み分けにも成功してきた。そのうえ、宗教色を開発の前面に出さないイマームは、歴代の政権指導者にとって「良きパートナー」だったのである。

最近では、ハンチントン教授の提出した「文明の衝突」論が高まりを見せるにしたがって、「文明間の調停者」のイメージも誇示するようになった。シーア派の異端としてイスラーム原理主義者らに排斥されかねないイスマーイール派とその指導者は、「イスラームの多様性」を国際世論に訴えることで、多元主義や文化相対主義という西欧の価値観に接近するというしたたかさを示しているのだ（子島進『イスラームと開発』）。開発に関わるNGO活動を通じてスンナ派など他宗派との融和を図る「対外的二元主義」は、イスマーイール派生き残りの戦略としてだけでなく、現代における新たな宗派アイデンティティの積極的な創出にもつながるであろう。「アーガー・ハーンの開発」は、開発と文化の共存を超えて、異文化や異宗教との文明の対話をイスラームの側から模索する現実主義的な試みであり、欧米優位の現代世界へ弾力的に適応するしたたかな例なのかもしれない。

このあたりについては、私も詳しく言及する機会があったので、ご参照いただければ幸いである（山内昌之『帝国と国民』第二部）。

『一冊でわかるイスラーム』の著者リズンがアーガー・ハーンの改革努力を評価するのは、「未来を約束するものは敬虔主義的で神秘主義的な伝統の中にある」と考えているからであろう。これは、「いまは外面的イスラームに依拠する政治潮流が優勢のように見える」という欧米の皮相な通念に対する痛烈な否定ともなっている。たしかに、グローバリゼーションや人口移動は、イスラームの古典的な世界観にもとづく「イスラームの家」と「戦争の家」といった区分を崩すようになってきている。リズンは、二一世紀に入って数十年のうちに、イスラームの直接的な政治活動が退潮し、信仰における個人や私の側面が強調されるだろうと大胆に予測するのである。

たしかに、長期的に眺めるなら、近代化とはグローバルな規模に及ぶプロセスなのであり、これからは必ずしも欧米の覇権によるものではなくなるかもしれない。しかし、何がイスラーム世界にも妥当する普遍的価値として「近代的」な事物や事象であるのかを理解することはむずかしい。また、何がそれぞれの文化において固有の伝統に由来するものかを識別することも容易とはいえない。ましてや、これらが幾重にも絡まって解きほぐすこともむずかしいほど渾然一体となっている状態では、普遍と伝統の識別や分離はなおのことむずかしいだろう。

リズンによれば、この困難さの一端は、シャリーア（イスラーム法）的な見方がもたらした負の結果ということになる。公共の利益は、都市や国家のように個人と神との間に介在する組織に体現されるはずであるが、イスラームの場合にそれらが法的な正当性をしばしば欠いたという指摘はまちがっていない。もちろん、賄賂や汚職はムスリム社会の特許ではなく、私的領域と公的領域を混同する「世襲化」という現象もイスラーム世界だけのものではない。それらは発展途上国によく見られる現象だからである。しかし、公と私の領域の間に制度上の境界が存在しないか曖昧な文化では、イラン・イスラーム共和国のように体制の清潔な刷新をめざした場合でさえ、宗教指導者に富と権力の集中をもたらした事実は記憶に新しいところである。ヨーロッパの社会では、権力を教会と国家によって二分していた中世キリスト教世界の歴史的遺産として、公私の境界は厳然として存在している。日本もまた然りである。この点に関わるリズンの理解は、かなりの説得力に富むのではなかろうか。

シャリーアにとっての基本は、拡大親族集団まで含めた「家族中心の価値観」であり、こうした価値観が支配的なところでは、国家は、権力を持つ家族のネットワークによって簡単に操られてしまう。しかし、シャリーアが内に持つ理想主義、シャリーアに基づいて生まれるユートピア的なものの見方は、権力の制度による制限とぶつかりあう。およそ権力とは堕落するものであり、権力の行使には制度的な制限がなされなければならないというリベラルな認識は、まさに人間性に対する悲観主義（おそらくはキリスト教の原罪教義の副産物）が生み出したものといえよう。（『一冊でわかるイスラーム』一三二頁）

「原理主義」と俗称されるイスラーム主義者たちは、制度を改革するために漸進的に努力するといったリアリズムに乏しい。反対に、シャリーアへの回帰に力点をおき、個人的な徳を過剰なまでに強調するきらいがある。しかし、この「徳」は欧米や日本でいう「徳」や「道徳」とはかなり趣を異にする。この差異がよく現れるのは、セクシュアリティの領域であろう。イスラーム主義の先駆者、パキスタンのマウドゥーディーが『クルアーン案内』のなかで、道徳性と社会性の両面で複婚（ポリガミー）を正当化する次のような議論は、イスラームの主張として外に向かって普遍性を得ることができるであろうか。

もし複婚が全面的に禁止されるならば、一人の妻だけで満足していられない男性は、結婚生活の束縛を逸脱し、性的な無秩序と退廃を引き起こすだろう。こうなると、複婚よりもはるかに大きな害悪を道徳的・社会的秩序に与えかねない。このためクルアーンは、複婚が必要だと感じる男性にそれに頼ることを許したのである。（『一冊でわかるイスラーム』一四三頁、コラム32に引用）

リズンは、大部分の伝統主義者のシャリーア解釈によれば、「男性が性的に満足する権利は、神によって定められている。つまり、妻には夫の性的な要求を拒絶する権利はない」と説明している。イランの国教ともいうべき十二イマーム派系のシーア派では、男性の特権は「ムトア」や「スィーゲ」と呼ばれる一時婚によっても維持されている。これは、結婚の期間を前もって一時間から九九年間までの範囲で定める契約である。欧米のなかには、これを「合法的売春の一形態」と批判する者もいるとリズンは語っている。しかしイランにおいて、一時婚は積極的に奨励される慣行であり、欧米にはびこる性的な退廃に代わる選択肢として倫理と道徳の両面で優っていると評価されるのだ。もっとも、女性の貞淑や婦徳が重視されるイランでは、ムトアやスィーゲに関わった女性に正式な結婚の機会は少なく、そもそも男性は勝手なことに「女性の一時婚経験者」にすこぶる冷淡なのである。

結婚や異性間の関係に関わる領域でも、リズンが語るように、イスラーム世界はかつて「ポスト・キリスト教時代の西洋」がたどった路線に沿って変わりながら発展していくのだろうか。たしかに、信仰が内面化し、私的で自由になっていくことはまちがいない。しかし、そこに伝統と革新の相剋が待ち構えていることは疑いようがない。著者は、個人がますます血縁的な束縛から自由になり、都市特有の無秩序《アノミー》にさらされていく時代においては、ムスリムの魂が革命的な政治参加よりも内面的な探究と自発的な参加というスーフィー的な道筋の方に価値を見出すのかもしれない。しかし、そこへの道は平坦ではないだろう。リズンの結語はすこぶるリアルなだけに、預言的な響きを帯びている。

「悲しむべきことに、その道を進むためにはさらに多くの血が流されることが予測されうるのであるが」と。

イスラームの人びとも、サミュエル・ジョンソンを襲ったような意気消沈と陰鬱と癇癪から免れるには、心の平安とバランスの回復を求めなくてはならない。それは、イスラームの外にある欧米や日本の異質な文明のもつ弾力性と適応性の吸収によって可能になるはずである。自らの立場を固定しながら相手だけにイスラーム理解を求めるのでは、「文明の対話」に発展しようがない。対話が真に成功する条件とは、虚心にイスラームの「限界」を歴史的にふりかえりながら、現代の試練に立ち向かうことなのである。

アル・カーイダと西欧

アル・カーイダは、共産主義やナチズムと同じように、近代の所産であり西欧イデオロギーの影響を受けて産み落とされた。それはマルクス主義者やリベラルに劣らぬほど、人間とは改造できるものだという「近代特有の神話」に浸っているのだ。こう語るのは『アル・カーイダと西欧』の著者ジョン・グレイである。

アル・カーイダが一九九〇年代に誕生した国際麻薬カルテルやバーチャル・ビジネス企業と同じだという見方は目新しいものではない。しかし、イスラーム急進主義の本当の先駆が十九世紀ヨーロッパに出現した革命運動の内部に見いだせるという考えはユニークである。

アル・カーイダと十九世紀末のアナーキストとの間に違いを求めるとすれば、後者は安易な暴力を使わず官途につく者を襲撃したのに、前者は平気で多くの市民を犠牲者に仕立てあげたことだろう。この点でウサーマ・ビン・ラーディンをロシアのテロリスト、セルゲイ・ネチャーエフになぞらえるのは興味深い。イスラーム急進主義の祖サイイド・クトゥブの理念がヨーロッパの借り物であり、そのアナーキズムに負うという指摘も示唆に富む。

たしかに、クトゥブやウサーマらには植民地世界の文化的エリートに見られがちなヨーロッパ・ロマン主義、つまり反啓蒙主義に共感する点が多いかもしれない。しかし、世界が意志の行動で造り変えられるというロマン主義の信念は、理性に基づく啓蒙主義と同じくらい近代世界の一部なのである。アル・カーイダは近代世界に代わる存在というよりも、近代そのものに源流があるというべきだろう。

また同時多発テロ後の中央アジアにおける米露協力を過去の「グレート・ゲーム」の再現と捉える見方や、現代の「泥沼戦争」の多くを「ポスト・クラウゼヴィッツ戦争」と定義する考えは鮮やかである。しかも、アル・カーイダが二十一世紀の戦争では「メディアの映像通信が戦略の核」になることを知っていたという指摘も重要である。結局のところ、アル・カーイダは「グローバルな多国籍企業」の変種なのだ。

重要なのは、彼らのなかに核物質を使った「自爆覚悟の志願者」がいるという事実である。大量の犠牲者が出ても動じない人類史上未曾有の集団こそアル・カーイダなのだろう。

科学は限界を教えるが、終末論的神話と混じり合ったとき、それは果てしない野望を煽りたてる。著者の結論は明快かつ示唆的である。「そうして生まれたのが近代の果てしない暴力」であり、それを引き継いだのがアル・カーイダなのだ、と。

アメリカに宣戦布告した男

日本や欧米の人びとは、億万長者にもなれた男が何故にテロリズムの首魁になったのかを訝しく思うだろう。しかし、イスラーム世界の人びとなら、ウサーマ・ビン・ラーディンが厳しい生活環境のもとでジハード（聖戦）に身を捧げている事実を、さほど不思議に思わないはずである。

アメリカのイスラーム分析者ヨセフ・ボダンスキーは『ビンラディン』で、ウサーマの人生のみならず、イスラーム原理主義運動の歴史についても触れている。なかでも、欧米のグローバリゼーションの機先を制しグローバルな規模でジハードを展開するのが、ウサーマの基本教義だというのだ。

ウサーマなどが磨きをかけているのは、「将来の世界戦争を肯定する教義」だという指摘にも説得力がある。宗教的に適切な認可や意見が事前に出されるなら、大量破壊兵器の使用や無差別テロのいずれも許されると考えているからだ。テロリズムの専門家でもあるボダンスキーは、ウサーマが構想する欧米との軍事・文化・宗教にまたがる決戦とその戦略が、次のような段階を経ながら実現すると要約している。

①中東から「ユダヤ教徒とキリスト教徒」を追放しイスラーム国家をつくる。②ムスリムが人口の大多数を占める地域をカリフ（ムハンマドの後継者として教徒の共同体を政治的に指導する者）の納

める世界に変える。③ イスラームの秩序を全世界に行き渡らせる。ウサーマは、ユダヤ教やキリスト教に由来する価値観や民主主義的ライフスタイルを厳しく禁じている。こうしたカリフの統治が実現するなら、西欧はもとより日本も必然的に（おそらくウサーマをカリフとする）イスラーム世界に従属することになるのだろう。

ウサーマは一九九九年に、「二十一世紀は世界戦争の結果としてイスラームの世紀になる」と語っていたが、いまこそ予言的な響きをもって記憶によみがえるのである。

ウサーマは、九月十一日の事件について、「女性や子供を含む罪のない人びとを殺すことが褒められる行為であるとも思わない」と語りながら、「グローバル大国アメリカの象徴」に向けられた以上、「罪のない人びと」が殺されたわけではないというのだ。つまり著者ボダンスキーは、犠牲者が欧米の専門用語でいう「容認される付帯的損害」にあたるとウサーマが明言した点に着目する。イスラーム世界と欧米との複雑な関係が「殉教テロにつながるほどの憎悪と憤怒を生みだしている」というウサーマの見解は、両者が妥協できない世界観をもっているのでは、という懐疑心に読者を導くに違いない。

ウサーマについて大事なのは、ジハードを経済や政治でなく軍事の領域でおこなう理由を明快に説明していることだ。それは、西欧の商品をボイコットできずイスラーム世界が西欧から経済的に分離できない弱さをはらんでいる点を認めている。テクノロジーも輸入せざるをえない苦境も存在した。したがって、ジハードの重要性が増すのである。イスラームの義務である五行に加えて、ジハードこそ第六番目の要素だというわけだ。それにしても、ジハードをムスリムの日常生活の一部に組み込んで義務化する教義とは恐ろしいというほかない。

ウサーマの主張には歴史的アナロジーが随分と目立っている。その僚友アイマン・ザワーヒリーにいたっては、十五世紀後半にムスリムがスペインから追われたことを以て、「アンダルシアの悲劇をパレスチナで再現するつもりはない」とまで語る。西欧の価値観と影響力の否定、それに対するウサーマたちの限りない憎悪。これらを、多元的に分析した本書は、思いつきの多いインスタントな類書とは異質の力作といってもよいだろう。

対テロ戦争を読み解く

アメリカの同時多発テロ、米英軍によるアフガニスタンへの軍事行動をめぐって、イスラームへの関心が高まっている。時事的な解説は、新聞の最新情報からも知ることができる。いま必要なのは、歴史と現代を結びつける基本的な視座ではないだろうか。

イスラームと現代を考える際に重要なテーマは、ウサーマ・ビンラーディンのごとき人物を生み出す歴史的背景であろう。この点では、七世紀のハワーリジュ派、十一世紀のニザール派の教義をも構造的に扱った中村廣治郎著『**イスラム教入門**』が参考になる。ハワーリジュ派は、第四代正統カリフのアリーを暗殺した一派である。かれらによれば、重大な罪を犯した者はそれによって信仰を喪失し、本人が認めなくても背教者とみなされ、死をもって罰せられる。自分たちに同調して行動を共にしないムスリムはすべて不信者とみなされ、妻子と一緒に殺害されねばならなかった。

また、ニザール派とはシーア派の極端な分派であり、西欧ではアサシン伝説に基づく暗殺教団として知られる。そのダーイー（宣教者）たちはセルジューク朝や十字軍と激烈な闘争を展開していったが、十三世紀モンゴルの侵入によって壊滅した。いずれも、過激な運動は時の公権力によって徹底的に攻撃され衰えていった。信仰をすぐに行為と考えれば、現世における不正すなわち為政者の誤り、異教徒の存在はそれだけで罪ということになる。

罪をおかすなら信仰が消滅するというなら、普通のムスリムにとってイスラーム信仰とは命がけの行為となる。しかし、大部分のムスリムはこうした極端な立場をとらずに今日に至ったのである。この意味で、単数で絶対的なイスラームでなく複数で相対的なイスラームをフィールド体験で確認した大塚和夫の『**イスラーム的**』は、文化人類学の立場から重要な発言をしている。それは「ムスリムたちのさまざまな思想や行動を、さしあたりそのまま受入れて、その相違を歴史的、社会的、文化的な諸要因から説明していく」というのだ。

いわゆるイスラーム原理主義とは、「真の」イスラーム的なものと「そうではないもの」の混在から後者をそぎおとす傾向としてとらえる。大事なのは、ムスリムたちの間でもイスラーム的なものに関する判断をめぐって争いが起き、「時にはお互いを激しく非難・叱責し、ついには武力を行使して相手を攻撃したりする」ことさえあるのだ。イスラーム対欧米といった観点の限界はもとより、イスラーム世界内部の複雑さをわりやすく解いてくれる本である。

拙著で恐縮だが『**イスラムとアメリカ**』は、九三年二月に起きたニューヨーク貿易センタービルの爆破事件など、アメリカとイスラームとの関係をいちはやく分析した書物である。この本で私は「地域紛争やテロルが中東から大西洋を越えてアメリカに至るまで、欧米世界を横断する装いを呈している。日本人にしても、これらの事件にまったく無関心ではいられない」と注意を喚起していた。また、欧米とイスラーム世界の市民が「日常生活でも同じ危機的な体験を共有する新しい時代に生きていることを意味するのだろうか」と問いを発し、テロを辞さない武装闘争派を「原理主義」と呼ぶよりも「イスラーム・テロリズム」として再定義すべきだと提案していた。

「潜在的なテロリスト」の問題は、かれらが欧米の社会において「家族や共同体ぐるみで普通の生活を営んでおり、しばしば善良な市民を装っている」点にあると強調していたが、これがはからずも二〇〇一年九月十一日の事件によって露呈したことになる。同時多発テロが提起した問題点は、すでに前回の爆破事件に際して、私も触れていた。それは、「アメリカ流のリベラルな民主主義を人生の価値観として否定する一部のムスリム」こそ、「中東イスラーム世界の多くでは決して認められない政治的な言論と結社のアメリカ的な自由をいちばん大きく享受する」という逆説である。「アメリカがこれまで知らないタイプの新しいテロリズムが生まれており、市民をふるえあがらせる新しいブランドが成長する」可能性を指摘しておいた。

さらに、「クリントンと将来の大統領」は、「中東とアメリカ本国でイスラームの挑戦に同時に直面すること」に触れながら、結論として「地元住民の日常生活や安全さえ保障できないでいるアメリカ政府にとって、この挑戦を乗り切ることはたやすくない」と「イスラームとテロリズム」という論文を結んでいた。このイスラーム・テロリズムの性格と国際性については、出たばかりの、藤原和彦著『イスラム過激原理主義』が最新のデータにもとづく分析である。

最後に、現代イスラームについての学問的共同研究の成果を二点だけあげておこう。小杉泰編『**イスラームに何がおきているか**』、山内昌之編『**「イスラム原理主義」とは何か**』。いずれも本格的な論文を収めた堅実な書物である。

中央アジアの急進的イスラーム武装勢力

アフガニスタンの戦乱とテロリズムは、中央アジアとアフガニスタンとパキスタンひいてはカシミールの政治状況が、広域的に結びついていることを示した。アフガニスタンの平和は、中央アジアやパキスタンの安全保障と分かちがたく結びついているのだ。パキスタンのジャーナリスト、アハメド・ラシッドは、前著の『**タリバン**』においても、カシミールやパキスタンのイスラーム戦士たちがカーブルで軍事訓練を受けている事実を指摘していた。アル・カーイダの豊富な資金や、麻薬取引から利益を得たタリバンにとって、麻薬撲滅は外見だけのポーズにすぎない。ラシッドの『**聖戦**』は、その収入こそイスラーム武装勢力の武器購入にあてられていた事実を指摘しながら、「聖戦」を大義名分とするテロリズム撲滅のための条件を模索している。

しかも、チェチェンからアフガニスタンにかけて、戦争や誘拐がビジネス化している点をラシッドは正しくとらえている。国境を越えたテロリストのネットワークと武装グループは、国家による名目ばかりの国境管理の弱さに乗じて、麻薬と武器と人間の密輸から大きな利益を得てきたという。バーネット・ルービンのいう「密輸の経済の成長に理想的条件」を利用したのである。

しかも、〈ヤミの活動〉は、弱体国家の存立基盤を損ない私益を死守するために地域紛争や民族問題を恒常化してきた。たとえば、世界でも「最も熱い危険地帯」のフェルガナには、いまでもアフガニスタンから発した熱気が蔓延しており、やがて中央アジア全域とカフカースに火花が拡がりかねないというのだ。中央アジア各国における政治腐敗と汚職、民主化運動の弾圧、民主の安定に関心を示さない政府への絶望、これらは不満の地域的爆発を誘発しかねない要因になっている。

ラシッドは、中央アジア政治の責任ある超大国としてロシアの役割を重視する。それは、極端なイスラーム原理主義の浸透を防ぎ、その襲撃抑止に貢献できるからだ。同時に、ロシアは中央アジアの現政権の民主化にはあまり圧力をかけようとしない。むしろ武器援助や民主化運動の弾圧をみのがすことにより、アフガニスタンから中央アジアにかけて紛争を培養する役割を果たしてきたと不満を漏らす。米国にしても、包括的な戦略をつくるのはむずかしかった。米国は、中央アジアの政権による反テロ戦への支援を謳う一方、その人権侵害については遠くから説教するだけのちぐはぐな対応しかできなかったからだ。

アハメド・ラシッドは、一貫した中央アジア戦略とテロ撲滅には、軍事援助とパッケージになった経済援助が必要だと考える。経済と政治体制を自由化するように中央アジア政府に圧力をかけるべきだというのだ。アフガニスタン復興のために国際的支援が必要であり、アフガニスタンと中央アジアを一体化してとらえる戦略が不可欠と考える私などにとって、ラシッドの観点には納得できる部分が多い。

また、「聖戦」を大義にしたテロを撲滅するために、経済的インセンティヴが必要だという見方にも賛成したい。政府外債務の帳消しや経済開発計画への包括的資金提供をともなえば、中央アジア各国は軍事戦略だけでなく社会経済戦略の開発を迫られるにちがいない。この点でラシッドは、中央アジアからアフガニスタンやイランを通って外域に出る新しいパイプライン構想に期待を寄せる。「平和のためのパイプライン」は、地域協力の機会を広げるだけでなく、現地政権に民主的改革を迫るてがかりとして、日本にとっても有益な構想かもしれない。

聖戦の歴史

現代人は、十二世紀にヨーロッパの十字軍が中東を襲った時、ムスリムがすぐに聖戦を叫んだと考えがちである。しかし、これは事実とかけ離れている。ムスリムが十字軍の襲来を聖戦だと理解するのは、ずっと後のことである。しかも、イラクなど他地域のムスリムはエルサレムの兄弟たちのために泣くことができても、実際に助ける手だてを演じる努力をしなかった。

『聖戦の歴史』の著者カレン・アームストロング女史もいうように、それはさながら現代のアラブ世界の状況とも似ているのだ。しかし、湾岸戦争で各国の足並みが乱れたように、十字軍の侵略を可能にしたのは、ムスリム司令官同士の仲違いだったのである。もしかれらが団結していたなら、現在の子孫よりもはるかに強かった中世のアラブ・ムスリムの軍隊は、孤立して人材の乏しい十字軍国家などはたやすく粉砕できたことだろう。

アームストロングは、「良好でまじめな兵士」でないムスリムの優柔不断さこそ命取りになったと語る。これも、凶暴さは有名だが戦場ではそれほど有能でなかった現代のアラブ兵とよく似ており、イスラームは「剣の宗教」ではないというのだ。

現代でも「不一致」を繰り返すアラブが「イスラエルの手のうちで踊っていた」ことが多いの事実かもしれない。またアームストロングは、ムスリムの聖戦が防御的なものであり、十字軍やユダヤ教の戦士の観念をすこぶる攻撃的なものだとも強調している。

三つの宗教における聖戦の考えを説いたアームストロングは、ヨーロッパの研究者が触れたがらない十字軍騎士や孤児による中東での食人風習についても触れており、「三重の視点」と呼ぶ見方において際だっている。互いに聖戦にまきこまれてきた三つの宗教の関係は、残忍さと苦悩に満ちている。一つの伝統が他の二つを排除しようとする時、あるいは二つの伝統が力を合わせて三番目を完璧なまでに無視する時に、最大の悲劇が起こるという指摘は示唆に富んでいる。異宗教対話と平和共存を説くアームストロングらしい本格的な教養書として、『聖戦の歴史』は一読に値するだろう。

神の国の変貌

革命は、かかげる理想の高邁さとは裏腹に必ず悲劇をもたらす。イラン・イスラーム革命も例外ではありえない。この革命は、少年と女性たちにとって、大変にむごい変革となった。革命防衛隊は、バシージ（動員）と呼ばれる「少年兵」を戦力の核にすえ、イラン社会の再建を担うはずの有為の若者を散華させた。また、多数の未亡人を救済するために、シーア派で合法の一時婚が増えたのも目につく現象であった。しかし、一時婚とはいえ、貞操観念を大事にするイスラーム社会で夫を一度もった女性とあえて結婚する男性は少ない。戦争と教理との間で犠牲を強いられたイラン女性の悲劇はまことに痛ましい。

桜井啓子氏の『**現代イラン**』は、こうしたイラン独特の社会現象をとりあげながら、革命以後の現代イランを包括的に描いている。イランの公称戦死者は十二万人、傷痍軍人は三十万人から四十万人とされるが、実数はもっと多いだろう。なかでも、二十代から三十代の「学歴の低い都市下層の若者たち」は、不完全雇用から逃れるためにバシージとなる道を選んだ。八五年初頭になると、農村出身者を含めて三百万人のバシージが訓練を受けたという。なかには十代の少年も多かった。最貧困の読み書きもままならない人びとは、「短期間の訓練と軽装備で前線に送られるために、戦死者があとをたたなかった」のである。

戦争に向けてバシージに政治やイデオロギーの動員を試みたのは、ホメイニーに従うウラマー（宗教者）たちである。このあたりを日本の第二次大戦における熱狂的経験と比較すれば、イランの事例を世界史のなかに普遍化する視野も開けたのではないだろうか。少年兵の悲劇については、かれらの手紙が引用されており、あまりの幼さと無知は読む者を暗澹とさせる。自らは平然と生き延びたウラマーたちに、後悔や慚愧の念はないのだろうか。このあたりも日本の戦争指導者のメンタリティと今後比較してみると面白いだろう。

ムトア婚やシーゲという一時婚の制度にもむごさを感じる。桜井氏も語るように、未婚の女性が一時婚をしたときには、後に永久婚をするのがむずかしくなる。明らかに女性に不利な婚姻形態なのである。社会的には蔑視されるのに、この制度を奨励したあたりに、イスラームの性差を男に有利に解釈する革命イランの特色がよく現れている。しかも、協議離婚が男性にはほぼ自由に許されるのに、女性の側には結婚契約に際して宣誓する十二項目のしばりが強く課せられており、離婚の提起はなかなかむずかしい。

また、戦争で夫が死んでも子どもの親権は夫の父に属していたので、子どもへの権利を失う女性も増えた。「夫や息子を戦場に駆り立てながら、その犠牲者である殉教者の妻たちの嘆きを踏みにじる」ような行為は、革命政権として矛盾に満ちていた。

もっとも、女性の識字率が増大するなど、革命の成果にも触れておかねばならない。五六年に一五パーセントだった女性識字率が九六年には八〇パーセント近くまで伸びた点は特筆されるべきだ。コートとスカーフのせいで、身だしなみに無頓着な女性が増えたというあたりは、女性研究者ならではの細やかな観察であろう。また、女性に不利な一時婚でさえ、婚外性交渉を禁止するイラン社会において、若い男女が同棲を合法的に実現する方便として利用されているともいうのだ。市民のしたたかさと革命理念のせめぎ合いが浮かび上がって来る。

イラクとアメリカ

現代イラクの分析は、日本はもとより世界でもあまり進んでいない。酒井啓子氏は『**イラクとアメリカ**』で、謎の多いサッダーム・フセイン体制とその統治構造について多面的な光をあてようとした。なかでも、「恐怖の共和国」の諜報監視網や、親族が支配する軍・治安組織は、サッダームの地縁や同族の関係者によって維持されている。さらに、南部の貧困農村から都市に移住してきた「持たざる層」も、地縁・同族集団の周辺に登用される。こうして、サッダームは富をばらまく現実主義的な「ポピュリスト」から、浮遊するイメージを操る千変万化の「英雄」に姿を変えていったというのだ。

サッダームをめぐる内外の関係や環境は、「二者択一」や「二項対立図式」によって発展させられてきた。米国は対立図式の積極的な解釈者であり、サッダームはそれを自ら「アラブの英雄」と印象づける装置として活用してきたのである。サッダームがパレスチナ人民の自由を考えるはずもないのに、米国の拙劣なパレスチナ政策が結果として、アラブ民衆によるサッダーム擁護をもたらしたという憂鬱な図式が成立する。また、アラブ諸国の知識人多数派も、サッダームの残虐さや独裁に目をふさぐのは、米国やイスラエルという「敵」に対抗して自らを「英雄」と同一化するサッダームの術策に乗せられたからである。ここで酒井氏は、在米の建築家マッキーヤなど、イラク知識人に関わる重要な指摘をする。

「チョムスキーに代表される欧米の反戦人道主義者たちが、結局フセイン政権の反米プロパガンダに利用されていくように、マッキーヤやファーイク・アリーのような反フセイン派は、対米依存＝反アラブというレッテルを貼られ、「シオニストの手先」として否定されていく」。

米国かサッダームかという、「二極対立構造への単純化」のなかで、家族の一部をサッダームの弾圧により失い、残された者を米国の空爆で亡くした人びとは、「どちらももうたくさんだ」と叫ぶ。この痛切な訴えは、酒井氏とともに読者の耳朶に残ることだろう。それでは、この二極対立の犠牲者たちはどこに救いを求めるのだろうか。氏は、クルド人にはサッダーム不在の北部地域の現状を当然と考える若者が増え、湾岸戦争が短期間であれサッダームの威信を失墜させ恐怖感を「薄めるのに貢献した」と指摘する。

してみると、酒井氏も外からの強い力による独裁者の排除と恐怖の払拭の意味を否定していないのだろうか。たしかに「将来の最大の課題」は、サッダーム個人の存在ではなく、「フセインの築き上げた、あるいはフセイン自身を生んだ「フセイン的なるもの」をいかに乗り越えるか」という点にある。

しかし、酒井氏はいま恐怖と貧困で打ちのめされている民衆が具体的にサッダームから救われる政治シナリオを必ずしも示してくれない。私の考えでは、サッダーム体制はひょっとしてヒトラーやスターリンの非人間的な支配メカニズムよりも精緻であり、内発的な力では変えようもないほど恐怖度が強いのではないか。東欧革命や冷戦終結の時に動いた市民のソフトパワーは存在しない。また、ソ連解体をもたらしたペレストロイカやグラスノスチ（情報公開）をサッダームが進めるはずもない。

現実のイラク市民は、スターリン時代のようにサッダームの死による政治構造の変容か、ヒトラー独裁のように米国など外の圧力による軍事・暴力マシーンの消滅以外に救われる可能性が少ないのではないか。このあたりについても、才能豊かな著者に聞いてみたくなる堅実なイラク入門書である。

大変貌の序曲

大量破壊兵器の廃棄をめぐり米国とイラクとの関係が緊張する現在、ジャーナリスト脇祐三氏が現実感覚から現代中東を全体として考えた『中東　大変貌の序曲』出版の意味は大きい。人口増によって「乏しくなる豊かさ」、サウジアラビアでさえインターネットを解禁したＩＴ革命、中国も含めた石油の地政学など、脇氏の関心は多岐にわたっている。なかでも、湾岸戦争から現在のイラクやパレスチナの動向を扱った部分などは、とくに一読に値する。

脇氏によれば、原油価格の値上げにつれて湾岸諸国は急激に豊かになり、各国民の関心も「アラブの連帯」から自分たちの豊かさの維持に移っていった。パレスチナ解放機構（PLO）の幹部もこうした利益の配分をうけたために、「PLO幹部は援助に寄生する特権階級」という不信感をエジプト人から買うようになった。それでいながら、サッダームのクウェート侵略の際に、イラクを支持したことはPLOにとって取り返しのつかない失策となったのである。

日本のメディアでも、「アラブの世論はイラクの味方」といった一面的な解説が目についたと脇氏は指摘する。しかし、湾岸諸国にとっては、「サッダームこそ現在の第一の敵。侵略者と戦いわれわれの生活を防衛するのは当然」という声が強くなったのだ。湾岸危機によって、湾岸アラブ諸国が長年束縛されていた「アラブ一体論」から抜けだし、「経済の論理」をより強く前面に押し出す契機にもなったと脇氏は語るのだ。

日本には、いまだに冷戦期のアラブ・ナショナリズムの一体性を夢見ている人も少なくない。しかし、バーレーンのハリーファ首相の発言は、はるかに現実的である。「石油収入をもとに豊かな社会をつくる可能性がありながら、戦争と軍備拡張に明け暮れて経済を破綻させたのは、イラク自らの責任。サッダーム・フセインがGC（湾岸協力会議）諸国を責めるのは筋違い」というのだ。

脇氏は、ややシニカルに、サウジアラビアやクウェートから財政支援をカットされ出稼ぎ労働者が追放されたPLOの「金欠」状態こそ、中東和平を促した一要因だと考える。資金を得るために和平に踏み切る「ピース・フォー・マネー」だというのだ。他方、イスラエル側でも和平気運が上昇していた時、二〇〇〇年には年間四〇億ドルもの直接投資が流入し、九〇年代後半にはナスダック市場のイスラエル企業は米国、カナダに次ぐ力をもつに至った。そこにロシアの優秀な科学者や専門家の移住者が増えたことは、イスラエルの労働力の質を高めることにもなった。

先行きに不透明さが出始めたのは九五年のラビン首相の暗殺からだったという。二〇〇〇年のクリントンの調停になる「最終地位交渉」の挫折の結果、ツケをパレスチナ人も負わされた。二〇〇〇年前半に一一パーセントにまで下がった自治区内の失業率は、衝突の再燃によって、みるまに三〇パーセント以上に上昇したのだ。労働力人口の六〇〜七〇パーセントが失業している町さえあるという。

イスラエルもひとごとではない。観光収入は激減し、二〇〇二年の失業率は一〇パーセントを越え、政府の債務残高はＧＤＰの規模を上まわる有様である。経済環境の暗転には、イスラエル自らも責任を負うべきであろう。いずれにしても、陰鬱な中東の構図をありのままに描き出した脇祐三氏の『中東』のリアリズム感覚は評価されてしかるべきだろう。パレスチナやイラクの問題は、単純な思いこみや主観だけでは解決できないのだ。

現代アラブの社会思想

イスラエルとパレスチナの相互不信は、とどまるところを知らない。アラブ諸国とイスラエルとの「正常化」(タトビーウ)はしばらく遠のくだろう。いや、そもそもアラブの知識人や思想家のなかには、イスラエルとの「正常化」に反対する人がいまでも多いのだ。問題は、イスラエル批判がときとして「内容の正確さも、まして高度な議論も必要ない」かのごとき風潮が行きわたり、それが知識人の「生活の糧」となってしまうアラブ社会の現実にもある。こう述べながら、第三次中東戦争後に、イスラーム主義が活力を獲得した事実を独自の視座で分析しているのが池内恵『現代アラブの社会思想』の特徴である。しかし、すべての問題の「イスラーム的解決」とは、「解決をもたらすための策」というよりも、「既に問題が解決した状態」を描写する点に主眼がある。もっとも、現実のイスラーム世界の政治から日常生活にいたる全領域は、イスラームの「包括的なシステム」が実際に作用するように動いているわけではないと、池内氏は強調する。この点を見誤れば、「宣教や護教論の立場に近づいてしまい、現実社会の認識をかえって妨げかねない」というのは正当であろう。にもかかわらず、「イスラーム的解決」論とその実現をめざす「運動」論がアラブ世界において、政治的イデオロギーとして有効性をもつ根拠はどこにあるのだろうか。

理由の第一は、その宗教的倫理規範にもとづく議論がもつ現実批判の力である。第二は、政治参加の代替的な経路としての機能にほかならない。第三は、宗教倫理に立脚することにより、非合理的な動員力をもつ点である。その結果、イスラーム主義は、エジプトのムスリム同胞団のように反体制勢力として基盤を固めるか、スーダンのごとく現実の政権を担うか、パレスチナのハマスに代表される外敵への抵抗勢力になるか、このいずれかなのであった。そこから生まれた「イスラーム原理主義」という「過激な思想」は、「運動」と社会全体との溝を悲観的にとらえ、運動の外側にある社会全体に直接の攻撃をしかけて、外側の社会を縮小・消滅させようとする思想と行動である。

こう定義した池内氏は、運動を①社会全体からの離脱、②政治支配者へのジハード（聖戦）、③社会全体の消滅をめざすタイプの三類型に分けて考察する。ウサーマ・ビン・ラーディンにも通底する「近年のアラブ世界に広がる宗教的な国際社会認識が「善と悪の闘争」として国際社会を理解し、「イスラエルとアメリカ」を「シオニズムと十字軍」と同一視する傾向も無視できない。

示唆的なのは、アラブの知識人や政治家がしばしばアラブ世界の問題の責任を外に転嫁し、アラブ社会の内在的な要因から目をそらす特性を指摘している点であろう。イラクとクウェートの紛争を平和的に解決できなかった事実、危機解決に際したアラブ連盟の無力さ、サウジアラビアがイラク軍への対抗上米軍の駐留を求めていること。これらの責任が「一義的にはアラブ世界自身にある」という池内氏の指摘は、常識的すぎるくらいであるが、アラブの識者にはアメリカや宗教の絡んだ陰謀と考える者も少なくない。これまで日本の中東研究で弱点だったのは、アラブの主体的責任を客観的に批判分析する研究者が少なかったことであろう。池内恵氏の『現代アラブの社会思想』は、〈権威〉におもねらず冷戦感覚の固定観念にとらわれない新世代によるアラブの研究の誕生といってもよい。やや大胆な試論も含まれるが、現下のパレスチナ情勢を理解するためにも、是非多数の読者に接してほしい書物である。

イスラーム世界はなぜ没落したか?

「何がうまくいかなかったのか」、「いったいぜんたいイスラームはどうしてだめになったのだ」等々。イスラーム世界とくに中東の人びとにとって、この問いには切実な悲鳴が含まれている。資本主義システムのグローバリゼーションの進行とともに、欧米や日本との比較や接触の危機が増えたのは当然である。それにつれて、近代以前に世界文明をリードしたイスラームも、現代社会ではすべてがうまくいっていないのではないかという懐疑心が語られるようになった。中東の市民の間では、最初はひそかに、今では公然とである。

『イスラム世界はなぜ没落したか？』の著者バーナード・ルイスは、英国の植民地遺産を継承した知的雰囲気で育ち、米国の政策指向中心の学問環境で活躍する中東研究者である。中東の停滞の根拠を歴史と現代の双方から迫ろうとする手法と問題意識は、しばしば「オリエンタリズム」として厳しい批判を受けることもある。しかし、かれは開発による富の模索が外国からの援助を繰り返し必要とし、石油という単一の資源への不健康な依存が腐敗と経済的不平等をもたらした事実を正しく指摘している。また、低い経済発展に加えて、雇用創出、識字能力、教育や科学の業績、政治的自由、人権尊重など、現代世界で成功と繁栄を収める上で不可欠の因子が、アラブ社会では低水準にあるか欠如していることも事実なのである。

「誰のせいでこうなったのだ」とは、中東の市民ならずとも発したくなる問いである。かつてはモンゴル人の侵略、軍事中心主義のトルコ人の統治、植民地主義の英仏ひいては米国の支配と影響力、さらに付加しようとおもえば、イスラエルの建国とシオニズムによるアラブ地域の分断など、答を見いだすことは簡単である。しかし、重要なのは、アラブはじめ中東の内部にある脆弱性の要因である。かつて世界で屈指の文明を誇ったイスラーム世界が単純に外の勢力によって一撃を受けて衰亡するはずもない。問題は、その根源をつきとめることであるが、ルイスもその解明には十分に成功しているとはいいがたい。とくに西欧資本主義の中東支配の意味については、時間の長短でなくその衝撃の深浅のレベルでも議論されるべきであろう。

この客観的要因と、主観的要因としてのアラブ人における主体的責任意識の欠如とを関連づけるあたりに、停滞の原因を解くカギが隠されている。

しかし、この本格的解明はむしろ現地の知識人の責任であろう。問題は、こうした根本病理にメスを入れる勇気をもつ有識者があまりにも少ないことだ。しかも、大胆な少数派が書いたアラビア語などの書物は、翻訳によって日本に紹介される機会がまずない。訳者たちは、ルイスをネオコン(新保守主義者)の中東政策を支える支柱としてとらえ、米国の対中東政策の歪みを理解するよすがとして、この翻訳を批判的に企画したのであろう。

しかし、その作業には奇妙なパラドックスがつきまとう。なぜなら、一般読者にとっては、ルイスの博識と叙述は往々にして魅力的であり、その主張は専門家以外の市民が中東を理解する基礎として説得力に富んでいるからだ。バランスをはかるためには、高い知的レベルと平衡感覚をもつ中東アラブの勇気あふれる知識人の仕事を紹介する必要もあるだろう。しかし、「どうやってイスラーム社会の停滞を正せばよいのか」「イスラームは停滞の原因ではないのか」について率直に語る本格的なアラブの言論人はまだ出そうにもない。

平和を破滅させた和平

現代の中東問題は「一九二二年の解決」がもたらした。一九二二年に欧米や中東の国々の間で結ばされたさまざまな条約、協定、文書による解決は、現代に多くの課題を残したからである。ナポレオンのエジプト遠征以来、厄介な火種としてくすぶってきた中東問題は解決されたかに見えたが、英仏によるオスマン帝国の遺産分割は、取り決めの当事者でさえ認めるほど古ぼけた帝国主義的構想であった。「ドンキホーテめいた幻想」とデイヴィッド・フロムキンが揶揄する領土拡大への意欲は、実利の面でも現実離れしていた。『平和を破滅させた和平』は、帝国の解体から現れた中東秩序の未完の特質を立体的に描こうとした意欲作である。

米国の歴史家フロムキンは、トルコ、イラン、アラブなどの西アジア地域だけでなく、ロシアの中央アジアやアフガニスタンを含めた領域を「中東」と呼んでいる。東方問題だけでなく、グレート・ゲームというロシアの南下をめぐる国際紛争も射程に入れた中東の構図は、まったく斬新なものというわけではない。

しかし、米英仏だけでなくロシアを中東政治の重要な役者と考え具体的に分析した本は少ない。現代の中東問題の淵源は、英仏による境界画定だけでなく「ロシアとの境界線がどこになるのか」という点にもあったのだ。

チェチェン、ナゴルノ・カラバフ、タジキスタンをめぐる紛争の中東への衝撃を見るとき、ロシアの要因を重視する姿勢は間違っていない。とはいえ、フロムキンはヨーロッパの中東問題に終止符を打った論点を手際よく整理しているが、「新たに中東自体における中東問題を生み出してしまった」側面を中東内部からよく分析したとはいえない。

これは、チャーチルなどヨーロッパの政治家を焦点にすえ英語の史料に依拠した記述の限界と無縁ではない。トルコやアラブなりイランなり、いずれかの地域研究と言語を押さえながら、ロシア語による豊富な研究蓄積を消化しなければ、フロムキンのめざす野心的意図は十分に果たされるものではない。もっとも、研究書としては物足りないにせよ、高度な歴史概説として水準を超えていることは言うまでもない。

イスラーム世界の二千年

『イスラーム世界の二千年』の著者バーナード・ルイスは、『オリエンタリズム』を書いたサイードの論敵である。そのせいかユダヤ系英国人のイスラーム学者ルイスの評判は、日本では必ずしも芳くない。しかし、歴史を哲学として脱構築する作業と、実証的論理に基づく歴史研究は同じではない。イスラーム世界の全史を俯瞰するルイスの学識からは、学べる点も多いのだ。何よりもルイスは、イスラームがヨーロッパに与えた遺産と比較して、逆の事例が少ないことを率直に認めている。サイードの視角だけで欧米ひいてはルイスの学問を評価する愚は避けなくてはなるまい。

近代のオスマン帝国ひいてはイスラーム世界が衰退に向かった理由についても、この本の議論はさほど間違っていない。それは、武器や戦争のやり方の複雑化と高コスト化、十六―十七世紀の高インフレと物価高、大西洋や南アフリカ航路の発展による中東中継貿易の衰退、金銀の海外流出、徴税請負制度による地方分権化、農村部の人口と耕地面積の減少などにあるというのだ。オスマン帝国は、科学技術の改良、和戦両様の駆け引き、行政の効率化、通商の新たな質において、西欧の進歩に屈したのである。

このあたりを二十世紀の多民族帝国たるソビエト連邦と比較するのは、私もかつて試みた視点である。ルイスは、両者の共通要因として、ナショナリズムと自由主義イデオロギーの爆発、時代遅れのイデオロギーの破綻、旧態依然たる政治制度と官僚層の腐敗、の三点をあげる。トルコにはケマル・アタテュルクのように歴史と社会を刷新した人物も現れたが、ロシア連邦では破壊者レーニンに匹敵する建設者はまだ出現していない。バーナード・ルイスは、オスマン帝国経済が弱体化した原因をソビエトのような統制経済の行き過ぎではなく、むしろ徹底した消費者本位の社会だった特性に求めている。国家としての経済力の発動について、このイスラーム国家が生産者本位のヨーロッパ重商主義や国家管理型のソビエト計画経済と異質だったという見方は、比較史の観点としても示唆に富んでいる。

アラブの人びとの歴史

現在、アラブ世界と呼ばれる地域は、七世紀にアラビア半島に誕生したイスラームの拡大とともにアラビア語が広がり、支配者が交替しても文化や倫理の面で強い一体性をつくりあげてきた。イギリスのアラブ史家ホーラーニーは『**アラブの人々の歴史**』で、この地域の歴史をイスラーム勃興期から一九八〇年代にかけて大胆かつ簡潔に描くことに成功した。

イスラームの教団国家は、ギリシアのビザンツ帝国の力を弱め、六五一年にイランのサーサーン朝帝国を滅ぼしたが、ウマイヤ朝という単一にして不可分のアラブ帝国も、アラビア半島からスペインにいたる地域を維持できなかった。その滅亡以来、アラブとイスラームの世界は、領土の一体性をついに回復できなかったのである。アラブの征服あるいは入植した地域のうち、スペインとマグリブにはベルベル人が伸長し、中東の大部分ではトルコ人がオスマン帝国を打ち立てたのだ。

しかし、ホーラーニーは、「政治的に統一されたアラブ民族」という考えを表すアラブ主義あるいはアラブ・ナショナリズムが、肝腎のイスラエルに対して沈黙しがちだった事実を冷静に指摘する。それはむしろアラブ諸国間の紛争を有利に仕切る武器だったという現実を見るべきだ、と彼は注意するのである。アラブ・ナショナリズムは「他国の内政にある国が干渉する際の口実だった」とさえ述べるのだ。

たしかに、ナーセルが各国の政府の頭越しにアラブの国々の市民に直接呼びかけサウジアラビアやイエーメンの王制国家と対決したのは古い過去ではない。ナーセルのジェスチャーは、クウェート侵略とパレスチナ解放とを結びつけながらアラブの人びとに各国の政府を批判させたサッダーム・フセインの煽動と本質的に変わらないようにも思えるが、残念ながら一九九三年に死んだ著者の筆は湾岸戦争には及んでいない。

分裂したアラブ帝国の遺産は、歴史の記憶におけるプラス面だけではない。むしろ、アラブの人々の分裂、すなわち〈帝国のかけら〉のマイナス面こそ、現代アラブの人びとが日々直視すべき現実であることをホーラーニーの本はよく教えてくれる。

誤りから救うもの

苦労して獲得した地位と名声を進んで放擲できる人間は珍しい。弱冠三三歳にして、イスラーム共同体最高位の宗教者となった人物がわずか四年たらずで栄誉を棄てた事件は、その動機と背景をめぐって謎を呼んできた。この人物ガザーリーは、西暦一〇五八年にイラン北東部で生まれ、ヨーロッパでは『哲学者の意図』の著者アルガゼルの名で知られる。彼は、多数の宗派や分派の「深い大海」に溺れることなく、「大胆に荒海にもぐり、どのような暗黒の海底にも突き進み」真理と虚偽、正統と異端を識別してきたと自負する中世屈指の学者であった。この『**誤りから救うもの**』は、イスラーム史最大の知識人が信仰心への懐疑から引返し、孤独と隠遁に導かれる「回心」の内面を語った自伝である。

『誤りから救うもの』は、アウグスティヌスの『告白』と比較されることも多く、小ぶりながら現代イスラームが直面する問題を考える上でも貴重な手がかりを与えてくれる。ガザーリーは、当時のイスラーム文明が危機に瀕しており、その解決方法をすぐに見いだせない現実への疑問から思索を出発させた。彼は、イスラームの法と学問が人間救済の問題について以前ほど積極的な意味をもちえない状況を直視したのだ。神学や哲学は、現実の問いかけに無力であり、その担い手たるウラマーは無能無気力に陥っていた。こうして限界を見定めたガザーリーは、イスラーム法をスーフィー（神秘主義者）の修行のなかに位置づけ、それに神秘主義的な解釈を与えることでイスラーム諸学を新たな状況に適応させようと試みたのである。

ガザーリーは、ムスリムの子がムスリムでありキリスト教徒の子がキリスト教徒であるのは教義への固い信仰によるものでなく偶然の結果でしかないのでは、と疑問を発した。これは、伝統的信条への疑いであり、一種のニヒリズムにほかならない。彼は「確実な知」を求める作業のなかで「感覚的知識」と「理性的知識」にさえ懐疑心をもつようになり、信仰の拠り所を求めて神学、シーア派（イスマーイール派）、哲学、スーフィズム（神秘主義）を深く究めようとした。その結果、神学は神の啓示を前提にした消極的な学問でしかなく前提そのものに疑いをもった彼を満足させるものではなかった。「ある病人にはよく効くが、別の人には有害となる薬が何と多いことか」と慨嘆するのだ。また、哲学には真理と誤謬が混在していた。肉体の復活の否定、神は普遍のみを知り個物を知らないとする説、世界は無始・無終で永遠という説の三点で、それは不信仰の極みでありガザーリーには不満であった。「贋金と本物の金貨が一緒に混在していたからといって、本物が贋金になるわけではなく、また贋金が本物になるわけでもない」と。

イスマーイール派については、不可謬のイマーム（導師）による真理の伝授を絶対とするが、預言者ムハンマドからアリー以下のイマームの流れを絶対視する根拠は何か、理性による判断は少しもないと厳しく論難するのである。とくにこの過激シーア派は、「強烈な狂信性」の故にガザーリーの仕えたアッバース朝＝セルジューク朝政治体制にテロを含めたイデオロギー的な軍事闘争さえ挑んでいた集団であり、彼その人も暗殺の危険にさらされていた。最後に、知と行の両面を持つスーフィズムはどうか。その検討を通して、修業で体験する忘我と神の啓示こそが本質的に同一であるとガザーリーは結論づけた。「不可視界や未来に起こること、その他の事がらを見通す」スーフィズムこそ、イスラーム信仰を内面化し再活性化させられると、彼は確信するにいたったのである。

ガザーリーはエリートの新宗教運動のスーフィズムを正統派イスラームに合流させ、正統派の行き詰まりを改革した功労者と目されてきた。時系列よりも論理性によって来し方を語った自伝の日本語訳には、訳者による浩瀚な解説がついている。中村氏は、イスラーム法の実践を通して地上に「神の国」を築こうとする古典的共同体型の信仰が活力を失い、新たにスーフィー的個人型の信仰が求められた背景として、モンゴル軍の侵攻によるイスラーム共同体の分裂と混乱を重視する。地上で理想的な共同体をつくる条件が失われた現実に直面して、むしろ自己の内面の浄化によってそこに神を見出し、神と直接に交わり来世に救いを期待する信仰のあり方に信仰の新たなリアリティを求めたのだ。彼の体験は、長年の精神的な苦闘に裏打ちされていた。イスラーム法の遵守は修業のなかで具体的に問われるのであり、形式的に求められるのではなかった。十三世紀とは異質な「文明の危機」に直面するイスラーム世界にとって、ガザーリーの自伝は真摯に教訓とすべき内容を含んでいる。また日本人にとっても、イスラームの心を理解するためには、平易明快な訳と重厚な解説に恵まれた古典的書物にこそ向かい会うべきではないだろうか。

帝王学の教科書

帝王学や政治の教科書として読まれてきた書物に、唐の太宗の道徳政治を扱った『貞観《じょうがん》政要』や、政治を道徳から切り離したマキアヴェッリの『君主論』がある。そしてイスラーム世界では、モンゴル支配下の十四世紀のイラクで書かれた『アルファフリー』が代表的な作品といってよい。イラクのシーア派指導者のイブン・アッティクタカーの書いた本は、モースルの総督に捧げられたために、その名をとって『アルファフリー』と称せられた。この書物は、政治力と理解力、王者と知性との連関などを説いた序、君主の政治と政策を分析した第一章、イスラーム各王朝の統治の逸話を扱った第二章から成っている。

なかでも重要なのは第一章である。そこでは、王者の性質の根本として理性こそ最もすぐれたものであり、公正さも地域を繁栄させ人びとが善良であるために王に必要な資質とされた。注目すべきは、異教徒でも公平な者こそ「イスラーム教徒の不義者より好ましい」という判断を下していることだ。

これはイスラーム法に立脚した統治論とは異質な見方である。しかし、知識は「理性の果実」であり、王に知識がなければ「何もかも踏みつけて通る荒れ狂った象のようなもの」になってしまうのだ。

かといって、王者は学問に深入りする必要もないとたしなめる。望ましい知識とは、「学問の専門家と相談し、当面する困難状態をそれによって克服することを可能にする程度に学問に親しむ」ことを意味する。政治家は学者になる必要がなく、必要なときに学者を活用すればよいのだ。これは、現代にもあてはまる真理であろう。

いと高き神を畏れるのも王者に望まれる資質であり、罪を許し過失をおおらかに許すのも大事である。後者によって「人心は引きつけられ、人の感情は良くなる」とは、コーランにいう「赦して見逃してやるべきである」という教えを意識しているからだろう。イブン・アッティクタカーは、人が過ちの上に成り立つ以上、怒りや憎悪に王者がからめとられるべきでないと忠告した。このためにアラブの一詩人の作品が引用されている。

私は彼らに対する古くからの憎悪を抱かない
民の統治者たる者は憎悪しないからである

王者にのぞましい徳目として、気前よさも欠かせないという。もし王者が贈り物を何ひとつ与えなければその王者は滅びるだろう、と詠った詩人さえいたほどだ。

畏敬されることや政治力に加えて、約束を守ることも大事である。政治力は「資本金のようなもの」であり、約束は契約と同じなのだ。イスラームでは不履行が認められないからである。したがって、王に曖昧さは許されない。他方、王者に欠如しているのが望ましい特質もある。イブン・アッティクタカーは、人の所論を引いて、まず何よりも王者は怒ってはならず、嘘をついてもならないとたしなめる。性急さ、嫌気、倦怠、退屈も王者にふさわしくない。

王は、臣民に対して「同情し、彼らが過ちをおかしても堪忍してやる」ことが大事である。十字軍戦争の英雄サラーフウッディーン（サラディン）は、情け深いことで有名であった。入浴して熱湯を誤ってかけられ火傷をしても小言を一つもいわず、冷水をかけられ気を失っても、今度余を殺そうとするときには一言教えてくれ、とユーモア交じりに語ったらしい。

これこそ理想的な王者の徳目なのだろう。反対に、王が嫌われる事例に、悪者や低俗な愚か者と交わることがあげられ、家臣の選択を間違うことも非難されている。女性に夢中になりすぎ、彼女らに相談するのも禁物だとイブン・アッティクタカーは言うのである。

統治は、臣民の種類に応じて違う形でなされるべきだともいう。上流階級は「高貴な人格とやさしい指導」で治められる。中流階級は「飴と鞭」、大衆は「恐怖と正道への義務づけ、明白に正当なものへの強制」によって統治されるというのだ。王者は、病人に対する医者の心得で接するべきであり、「すぐれた感受性や健全な識別力や澄み切った思考力や完全な注意力や完璧な賢明さなど」も必要なのだ。享楽に溺れ、音曲に夢中になり、時間を浪費するのはよくない。善行には見合う褒美を与え悪行には相応の報復を加えるべきだと著者は語る。これは、臣民が常に王者の親切を求め、厳しさを恐れるようにするためである。

政治とは、家庭、村、都市、軍、王国の五つをおさめることだ。家庭をよく治められても、大事を治められず、王国を治めても家庭をよく治められない者もいる。

「臣民が恐れる支配者のほうが、臣民を恐れている支配者よりすぐれている」。この言は、中東イスラーム世界の近現代史の特質を理解する手がかりともなるだろう。イスラームに興味がなくても広く政治や行政に関心をもつ人に読んでほしい古典の訳出を喜びたい。

人びとの出会いと交流

地中海を指す「メディテラネ」とは、大地（テラ）と大地（テラ）との中間にあって両地を媒介する（メディ、メディウム）海という意味で付けられた名称である。その北はヨーロッパのキリスト教世界、東から南に中東・北アフリカのイスラーム世界が広がっている。

両者には、古代に限らず歴史的に共通する要素が多く、気候風土にも類似の性格が見出される。そこでの人びとの出会いと交流は歴史と空間に刻印され、後世の人間をも魅了してきた。また、最近の日本では、フランスの歴史家フェルナン・ブローデルの『**地中海**』もよく読まれている。観光でも地中海人気には、なかなかのものがある。

『**地中海都市周遊**』は、地中海の虜《とりこ》となった建築学者陣内秀信氏と西洋史学者福井憲彦氏が自由闊達な議論を楽しく繰り広げた書物である。二人が語り合う町並の魅力は、スペインのグラナダ、コルドバ、トレドであり、シリアのダマスクスとアレッポに及び、北イタリアのヴェネツィアやヴェネストにいたる。二人は、地中海都市のエッセンスとして、渓谷であれ崖上であれ、どの町も地形の条件を最大限に生かし、迫力のある都市風景を生んだことをあげるのだ。町の内部には、ダイナミックな眺望が開けるスポットが数多くつくられていると強調する。

二人は、個々の住宅のバルコニーや屋上からのパノラマの美しさにも、随所で言及している。イスラーム世界においては、ヨーロッパ型の広場はなくても、都心に人の集まるスポットが散在し、その身体感覚に合ったネットワーク化した広場を形づくっているというのだ。

マラケシュの大広場を「世界でいちばんエキサイティングな広場」だと語る陣内氏は、「都市の見世物性」を感じさせると鋭い観察をしている。私も、そこの大道芸人の蛇使いに大きな毒蛇を巻きつけられて往生したことを楽しく思い出した。

それでも、福井氏がいうように、「混沌としているようで、やっぱり秩序がある」のは、イスラーム都市に限らない。それは全体として地中海都市の特徴なのかもしれない。しかも、中公新書は「大英断」で豪華なカラー写真を収録してくれた。これから地中海沿岸を訪れる観光客必携の本といってもよいだろう。

同じ二人が編集した『都市の破壊と再生』は、地中海都市を中心的な素材としながら、外国人を含めた十編の論文によって、「空間構築や場所形成の歴史的過程」を再検討し、「環境や場所という概念の再考察」を試みた本格的な書物である。各論文は外国語でも書かれており、仕事の高い格調をしのばせる。

福井氏は、「環境と適合した生産は、場所において、場所によって、生成の芽をあたえられた文化技術によって創出される」と語る。これは、「ゲニウス・ロキ（地霊）」や「場所のエスプリ」といった観念に近いといってよい。氏の環境問題に対する立場も、バランス感覚と説得力に富むものである。自然の破壊か保全かといった二者択一でなく、「ある場所がどのような種類の複合的で多元的な環境要素と、どのような類の技術をもって、いかに存在するようになったのか」を明らかにすべきだというのである。

イタリア諸都市と並んで広島や銀座などの破壊と再生の姿を見るのも大変興味深い。しかし、なんといっても最大の力作は、掉尾を飾る陣内氏らによる長編「迷宮の中のバロック都市」であろう。これは、イタリアの踵あたりにあたるレッチェの総合調査である。そこは、地中海世界に特有の迷宮性をもった都市内部に実現されたバロックの空間といってもよい。レッチェの景観は、ルネサンス以後、見通しのきく直線的な幅の広い街路の組み合わせで碁盤目や放射状につくられた街路空間とは異質なものであった。たとえば、貴族のエレガントな館（パラッツォ）を訪ねると、柱廊のある人工的な中庭をもち、堂々たる半外階段が、二階のバルコニーにつながっている。人びとは、さながら華やかな演劇空間としての中庭全体を見渡すことになる。

レモンやオレンジの樹が独特の雰囲気を醸し出すレッチェの庭園には、アラブ世界に由来するとおぼしきシチリア庭園の影響も見られる。そこで、陣内氏らは、アラブ庭園に見間違うような「地上に実現した楽園」のイメージをレッチェの庭園に感じとるのである。もちろん、レッチェには貴族の「優雅な世界」と異質な「市民のにぎやかな生活空間」も発達している。

いずれの本においても、地区の空間構造や住宅構成を豊富な図や写真と一緒にのぞくのは非常に楽しい。結局、二人の学者が試みたのは、過去から現代まで庶民と貴族が織りなすバラエティに富む生活の器と都市の躍動感を読者に伝えることだったのかもしれない。

イスラームの人類学

現代の社会科学のなかで、人類学ほど差別や差異への荷担を問われた学問も少ないだろう。感受性の豊かな学者であれば、一度ならずフィールドワークの意味について自己否定的に考えたこともあるに違いない。スーダンを中心にアラブ・イスラーム世界を研究する大塚和夫氏は、人類学の「厚い記述やジャンルの曖昧さ」を批判し「帝国主義的な分割の一方の側」のパートナーだと決め付けるエドワード・サイードの議論に耳を傾けながら、自らの「経験主義的な情報収集」の意味を訴える。『近代・イスラームの人類学』を書いた大塚氏は、「自文化」のなかで文芸テクストの分析を通して表象批判するサイードの立場に自らの主張を堂々と対置する。

すなわち、「異文化」の世界に出かけて「文化的他者」と、ある時間と空間を共有するという経験主義的作業は、内なる偏見や差別感を相対化する上で有効な回路だというのである。まったくもっともな主張といってよい。常識的に考えれば、実証や調査にもとづく学説は、地域の歴史や地理を下から緻密に眺めたこともないサイードの議論と重なるはずもない。サイードが日本人の言説を問題にしているのであればともかく、オリエンタリズム論いらい格別に新鮮さもないサイードについて、必要以上に紙幅を割いて扱う必要もないだろう。というのも、この『近代・イスラームの人類学』は、文献研究とフィールドワークを組み合わせながら、人類学研究と現代イスラーム研究を鮮やかに結合させた仕事だからである。サイードあたりの上からの言説にとらわれると、かえって『近代・イスラームの人類学』の独自性が損なわれてしまうのではないか。

この書物は、九つの主題を手がかりにイスラームの世界を内部から、しかも下からの視点でとらえている。時間、空間、都市、ジェンダー、音、祭り、ネイション、友と敵、近代の九つが順番に、分かりやすく丁寧に分析される。何よりも、著者による各章のネーミングが素晴らしい。たとえば、第二章「時間」は「太陽と月とクォーツ」という副題を付けている。この題名は、天体という「自然」にもとづく計時法を尊重してきたイスラームの社会にも、近代的な「機械時計」の計時法が参入することによって生じた時間認識の変容を象徴化したかったのだろう。

イスラームでは集団礼拝の時間も、ふつう太陽の運行に合致させて定めているので、礼拝は毎週異なる時計時間に始まることになる。遠隔地で農業に従事する人びとにとって、拡声器を使ったとしても、自然時間の通りにモスクに集まるのはむずかしい。そこでスーダンの農民は、時計の時間に沿って礼拝時間を定め、いつでも農作業を調整しながら礼拝の義務に参加しているというのだ。こうした自然にもとづく計時法と機械時計のそれとの併存を見抜いたのは、大塚氏が村の生活に入りこみ、下からのとらわれない目で事物を観察していたからだろう。

女性の割礼や処女性について触れた「ジェンダー――消し去られる身体」の章も興味深い。スーダンにおけるファラオ式割礼の「過酷さ」は筆舌につくしがたいが、それはイスラーム法とは直接に関係がないらしい。

他方、外出時にヴェールをかぶるのは、「身体は家庭の外にありながら、あたかも家庭内空間にとどまっているかのようにみなされていた」からだという。しかし、最近では高学歴の女性にもヴェールを着ける者が多いのは、アイデンティティの模索の帰結だと主張している。

いちばん逆説的なのは、エジプトで「ムスリマ同胞団の母」と呼ばれたザイナブ・ガザーリーのように、母としてイスラームの教えに従いながら、こどもたちに最初のしつけをするように女性たちに説いた活動家であろう。彼女は、家庭内での女性の活動を優先するように主張したが、この言説を家庭外の公の場でせざるをえなかった。そこで彼女の夫は、「彼女が家庭の外で活動することに反対」して、離婚を言い渡したのである。

ふつう聖戦と訳されるジハードについて議論した「友と敵」の章では、ジハードがもともと「できるかぎり奮闘・努力すること」を意味すると説き、その多義性について古典と現代の例を往復しながら説明している。イスラーム法では、戦闘的なジハードは「小ジハード」であり、自分の邪悪な性向と戦うことは「大ジハード」なのだ。自分の罪深き性向と戦うことを「心のジハード」、善きことを命じ悪しきことを禁じるのを「舌（言語）のジハード」、人びとが悪事をおこなわないように為政者が懲戒的手段を行使することを「手のジハード」、宗教の大義のために不信仰と戦うことを「剣のジハード」と呼ぶ事例もある。

残念なのは、イスラームの文献的な理解にも詳しい大塚氏が、調査に入った農村や都市の人びとの間でジハードがどう理解されているのかというテーマに取り組んでいないことである。主題の政治的危険性ということもあるのだろうが、つねに未開拓のフロンティアを開く大塚氏に是非とも人類学的に挑戦してもらいたいテーマである。

切手で読み解く中東世界

イスラーム学者の内藤陽介氏は『**中東の誕生**』において、切手のアラビア語や図柄を読み解くことにより、複雑な中東現代史の深層を独自の手法で解説することに成功した。そもそも、これほど切手が国家主権や国威発揚に関わる道具だという点に気づく人は少ないだろう。たとえば、一九四八年に国連でパレスチナ分割が日程にのぼると、すぐにユダヤ国民評議会は、テルアビブやエルサレムなどで義捐《ぎえん》証紙に「郵便」の文字を加刷して臨時の切手とし、自らの支配地域内で郵便物に貼付させた。英国の委任統治権を否定する行為である。しかし、四八年五月のイスラエル建国宣言直後に発行された切手には、「ヘブライ郵便」の表記はあっても「イスラエル」という名前はなかった。切手をつくった時にはまだ新国家の名称が決まっていなかったからだ。実に臨場感のある話ではないだろうか。

アラブの側にも似た事情がある。イスラエル建国に反対してガザに進駐したエジプト軍は、本国切手に「パレスチナ」と加刷した切手を出した。これはガザ占領を早くから計画していた証なのである。しかも、占領後まもなくガザへの「到着」記念切手を出して、占領の正当性を国際社会に認知させるべく、「国家のメディアとしての切手を活用」したというのだ。他方、西岸を占領したヨルダンは、そこで使う切手に「パレスチナ」の文字を加刷して実質的な併合を誇示した。しかし酷いことに、アラブ諸国が占領支配したパレスチナ版図のどこでも、パレスチナ人自身によって「パレスチナ」の切手が発行されることはなかった。パレスチナ国家の設立を阻害したのは、イスラエルだけではなかったのだ。

一九五八年のエジプトとシリアの合邦についても切手の語る事実は興味が尽きない。シリア側では合邦以降の切手に「アラブ連合共和国」の加刷がなされたのに、エジプト側では同様な加刷切手は発行されなかった。ここから内藤氏は、対等な合邦を意図したシリアと、それを属領と見なす空気が強かったエジプトとの温度差を指摘する。シリア国民の側に合邦を疎んじる気分を横溢させたのは存外、毎日エジプトから届く無加刷の切手だったのかもしれない。ナセルが一枚嚙んだイエメン革命にまつわる切手の逸話も面白い。六二年の革命後も、サウジアラビアに拠点をもった王党派は、「イエメン王国」の切手を出し続けた。サウジ政府は、自国領土における他国郵政の切手貼付の手紙を料金未納払いにせずに通用させ、イエメン王党派の郵政活動を黙認した。さらに米国も、反ナセルの立場からこの切手の有効性を認め、不足料を徴収しなかったという。

イスラエルは、六七年の「六日戦争」では戦勝の余波を駆って記念切手を発行したが、それを貼った郵便物はしばしば社会主義国では引き受けを拒否されることもあった。皮肉なのは、敗戦が決定づけられた直後に、エジプトで「パレスチナ防衛のためのアラブの団結」を訴える切手が発行されたことである。開戦直前の昂揚した気分のなかで製作が始まっていたのだろう。切手の理念は現実に裏切られ空文化していたが、ナセルの体現していた「夢」を信じたいという空気が強かったために、あえて発行されたのかもしれない。内藤氏は、これらの切手は「滑稽さを通り越して、痛ましさが充満している」と指摘するが、私も同感である。原色刷の切手スライドと併用するなら、中東現代史の講義や市民講座の特異なテキストとしても人気を呼ぶに違いない書物である。

アラブに憑かれた男たち

有名な「アラビアのロレンス」に限らず、英国にはアラブ文化を肌で知った旅行家が多い。『千夜一夜物語』の英訳で有名なリチャード・バートン、英国の東方政策を批判してやまなかったウィルフレッド・ブラント、砂漠地帯での経験を記した『アラビア砂漠』の著者チャールズ・ダウティは、いずれも大英帝国が絶頂にあったヴィクトリア朝時代の文化人でもあった。

かれらはそれぞれ、支配欲へのこだわり、立場の優越ゆえの謙譲、極端な愛国意識といった個性の差異をもっていた。しかし、かれらは英国史だけでなく世界史の上できわめて活気のある一時代を生きた魅力ある人物には違いない。

トマス・ジョゼフ・アサドはアラブ系米国人の英文学者であるが、三人とも愛国心に富む人物であったとして、その忠誠心や陰翳の違いをきめこまかく描くことに『アラブに憑かれた男たち』で成功した。ダウティは自分の民族に忠実であり、ブラントは英国という国土を愛していた。バートンが誇りにしたのは大英帝国なのだった。かれらのアラブ観は別々の英国を把握する感性の違いの結果だったといってもよい。

「英国を愛したといっても、彼らが愛したのはおなじ言葉で別々のものだった」という著者の指摘は鋭い。ダウティには構想力があり、『アラビア砂漠』を一見すれば「雑記帳的外見」の裏には、大きな統合力すなわち万事に古代を想起させるダウティの力強さがあった。ブラントの旅行範囲や視野は広く、性格も柔軟で他人の苦しみに敏感だったために、アラブへの感情移入も激しかった。それは、情事へのこだわりと同じくらい真剣なのである。バートンも感じやすい人間であったが、彼には露骨な野心もあった。

著者のアサドは三人の性格をうまくまとめている。「ダウティは東方と苦闘し、ブラントはそれとロマンティックに結合した。バートンはその文化の一小部分を捉えて支配し、奇異なもの、グロテスクなものに対する自分の嗜好に役立たせたのである」。納得できる総括であろう。

イスラーム再訪

トリニダードに生まれたナイポールは、この『イスラム再訪』で新しい文学スタイルをつくったのではないか。インドネシア、イラン、パキスタン、マレーシアに固有のイスラーム事情を、回顧と分析を組み合わせながら描写していく技量は見事である。ヒンドゥー教徒のインド系移民の三世に生まれ世俗化したナイポールだからこそ、イスラームに然るべき距離を置きながらも、伝統と革新の葛藤《かっとう》に苦しむムスリムの苦悩を誠実に伝えられたのかもしれない。

ナイポールの手法は、一見孤立しているかのような各地の風景や表象を有機的に結びつける巧みさにある。それは、ジャカルタにいる時に革命前のイランと似た印象を思い浮かべ、パキスタンのユスフザイ人の貯水池についてスマトラの温泉と比較しながら聖地を連想する感受性の豊かさである。

他方、「原理主義」と俗称されるイスラーム主義運動については、かなり手厳しい批判を隠さない。パキスタンの国民分裂の悲劇を指摘しつつ、その建国を正当化したムハンマド・イクバールについて、「詩人は人民を地獄に導くべきではない」と辛辣に評価する。また、イランのイスラーム革命裁判所で多数の反対派を粛清したハルハリ師についても、テロをおそれながら失意のうちに過ごす現在の日々を冷静に描いている。本を読まず思索もしないために、彼の経験は流れていくだけであり何の糧にもなっていないという指摘には、古い傷口に痛みが走るようなリアリティがある。

大統領になる前のワヒドの描写も、著者の人間観察力の細やかさを示している。ワヒドは、インドネシアの群衆の間にいたら決して目立つ存在ではない。しかし、ひとたび演説を始めると流暢で洗練された英語でその素質は誰の目にも明らかになるというのだ。

「自信と優雅さとを二、三世代前から受け継いでいる」というのは、今となってみれば、ワヒドにとって両刃の剣だったのであろうか。四つのムスリム国家に在勤し留学する人びとには、知的で読みやすい高級な現地入門書としても、ぜひ一読をお勧めしたい。

皇女の遺言

現代史の変動を一人の女性の目からこうも見事に描けるのかと、ケニー・ゼームラトの『**皇女セルマの遺言**』には感心させられた。主人公の皇女セルマは、十九世紀末のオスマン帝国で短期間スルタンとなったムラト五世の孫である。大叔父アブデュルハミト二世の監視下にチュラン宮殿に幽閉された一族の生活から始まり、ドイツ軍占領下のパリで数奇な生涯を終えるまで、トルコ革命の父ムスタファ・ケマル・パシャ（後のアタテュルク）への思慕、帝国とカリフ制の終焉、ベイルートへの亡命、インドのパダルブルの藩王（ラージャ）との結婚、インド民族運動の激化、パリ生活と米国人との恋、栄養失調とノイローゼ、そして淋しい死の顚末が少しも飽かせずに語られる。

青年トルコ党の領袖エンヴェル・パシャの「皇帝のような振る舞い」、「黄金のバラ」ことケマル・パシャの怜悧な魅力も十分に描かれている。著者ケニーがセルマの娘でありジャーナリストでもあればこそであろう。母を中心にすえたオスマン王室の食事や入浴の模様、子どもたちの遊戯、女性の衣装や宝石の嗜好も興味深く素描されている。

セルマとその家族は、帝国の消滅とともに、特権と富を失って外国に追放された。王族は国籍を奪われ、トルコの地に戻ることを禁じられた。かれらは出国にあたって、わずかに数ヶ月分の生活費をもつことを許されたにすぎない。セルマは、亡命先のベイルートではフランス人女学校に通うかたわら社交界にデビューし、ハリウッド映画に出演する話ももちあがる。

時代も早すぎたのであろう。つい先日までオスマン帝国のやんごとなき姫だったセルマには、銀幕に出る許しが母から出ない。ドゥルーズ族の男にも恋心を抱くが話は巧く進まなかった。要するに王族のプライドと仕来りがまだ生きていた時代なのである。あげくに、運命に引っ張られるようにしてインドの若き藩王の正妻として迎えられる。小なりとも歴としたムスリムの王侯だったあたりが、家族の虚栄心を満足させたのだろう。

ところが出かけてみれば、イスタンブールやベイルートのコスモポリタンな複合文化に浸ってきたセルマにとって、インドの田舎生活は驚きの連続であった。同居する小姑《こじゅうと》の存在、カーストのしめつけとブルカ（ヴェール）着用の義務などは、ヨーロッパ流の自由な行動に慣れていたセルマにはなじめないものであった。

社会福祉やチャリティーじみた奉仕活動にもとりくむが、所詮はイスタンブールの少女時代からの感傷と強者の施しの範囲を出ない。このあたりのショックを、インドの生活模様とともに、具体的に描く筆致には迫力さえ感じられる。施しをもらい同情を求めるために腕先を切断された少女、夫に殉死させられた若妻の悲劇などが、セルマの目を通して活き活きと語られるのだ。

若い女性とくに名流のレディーにとって、ヒューマニティと我儘《わがまま》は同居するのである。パリからファッション雑誌を取り寄せて最新の衣装をこしらえるセルマは、出産を口実にインドを去ることになった。パリに落ち着いた妻に藩王は、譴責じみた手紙を送る。「また銀行為替を送るように言ってきましたね。この宮殿と二百名もの食客の半年分の出費を上回る額を、どうやってあなたが一か月で使ってしまうのか、どうしても解せない」。

これは、夫の方が正しい。インドの富の分け前で米国人の若い医師と浮き名を流すというのは、どうにも褒められた話ではない。それでも、インドからの送金が切れた後にも赤子を必死に守り、誇りに満ちた死を悠然と選んだのはさすがというべきだろう。

女性版「ロレンス」

さすがに、「アラビアのロレンス」や「ハルトゥームのゴードン」を生んだ国柄というべきか。大英帝国には、快男児に劣らず大胆不敵な中東の冒険に挑戦する淑女たちが見え隠れする。『シリア縦断紀行』の著者ガートルード・ベルとともに、フレイア・スタークも忘れてはならない存在であろう。一九九三年三月に一〇〇歳の誕生日を迎えた英国人デイム・フレイアは、それからまもなくイタリア北東部の、とある土地で天寿をまっとうした。

作者ロレンス・ダレルがフレイアのことを「旅の詩人……われわれの時代でもっとも非凡な女性の一人」と名づけたのは、決して誇張ではない。

最近出されたジェーン・フレッチャー・ジェニスの『情熱のノマド』を読むと、アラビア語とイスラーム学を習得して、中東の冒険に出かけたフレイアの生涯は、大英帝国の最後の輝きと重なっている。

芸術感覚と富に恵まれた家庭出身のフレイアは、中東との結びつきを運命づけるような環境に乏しかった。それでも放浪者気質を持ったフレイアはやがてアラビア語を習得し、ドゥルーズ族との交遊、シバの女王の故地を求めたイエーメン奥地探検、イスマーイール派こと「暗殺教団」の谷の探訪などの冒険にはまり込んでいった。

しかし、フレイアを魅力的な人格に仕立て上げたのは、その鋭い政治感覚と大局観を失わない愛国心にほかならない。なかでも感心するのは、英国が第二次大戦後に植民地を失うことを見抜きつつ、東洋人との温かい関係を保っていく必要性を強調した点である。

とくに、パレスチナ人を故郷から追い出すシオニズムの究極目標について、フレイアが「調和のとれた中東という理にかなった未来像」(ジェニス)と両立しないことを見抜いたのは賢明であった。しかし、一九四三年から四四年にかけての米国旅行では、思いがけず、手ひどい扱いを受けることになった。ユダヤ人の票田ブルックリン選出の民主党下院議員セラーは、彼女に「災いの張本人」「ユダヤ人嫌いのアラブびいき」とレッテルを貼るだけに満足せず、「英国政府の手先である情報省」と関係する武力外交の「操り人形」とまで批判したのである。

確かにフレイアは、ユダヤ人に「民族的郷土」の建設を約束したバルフォア宣言のなかに、パレスチナ在住の非ユダヤ人社会の市民的かつ宗教的権利を損なってはならないと明記されている、と米国人相手の講演で何度も強調していた。彼女は、戦後にユダヤ人社会を内包するアラブ連邦建設の可能性を現実的に考えたのである。アラブ人の同意なしに何一つ行なわれてはならず、「解決策を押しつけてはなりません」と語った。

伝記作者のジェニス女史は、公平にもフレイアの言い分を次のようにまとめている。

「忘れてはならないのは、ユダヤ人に対する人種的偏見はキリスト教徒の習慣であって、伝統的なイスラーム社会では決してなかったことだ。ヨーロッパ人キリスト教徒によって迫害されたユダヤ人のために、パレスチナ人が自分の家や土地を犠牲にされるというのは道理に合わないと彼女は主張した」。

どうもフレイアは、けばけばしくて規格化され、しかも知的な深みに乏しい精力と実利性だけが取柄といった米国になじめなかったようだ。また、ニューヨークのハーレムで見たみすぼらしい黒人ゲットーにもショックを受けたらしい。ワシントンで乗ったバスには、「有色人種（カラード）」は後部座席へという掲示があった。「それは人の気持などおかまいなしにパレスチナに人間を送り込んで何が悪いという発想に似ていて、どちらかというとナチスに近いのではないでしょうか」。

これまた、ずいぶんと思い切ったことを言うものである。米国には豊かさと、あまりあるほどの広大な土地があるのに、何故にユダヤ人難民の受入れを嫌がるのであろうか。これはひどすぎるとフレイアは思ったのだ。今日のガザや西岸のパレスチナ人難民キャンプの惨状を見れば、彼女はいかなる感慨をもよおすことだろうか。

とはいえ彼女は、単純なアラブびいきでユダヤ人嫌いというわけではなかった。むしろ彼女は、米国で一番「感じがよく」愉しく付き合えたのは、断然おもしろく、教養があり、思慮深いユダヤ人たちだったのである。

系米国人だったと告白しているのだ。かれらこそ、フレイアが「考えていることをぜひ聞きたい」人たちだったのである。

なかでも、フレイアを親身になって歓待したのは、ニューヨークのオットー・カーン夫人であった。彼女と二人の娘は、カイロで出会ったフレイアに傾倒しており、米国の裕福なユダヤ人の大多数と同じく、シオニズムの極端な目標に深い矛盾を感じていたらしい。なかでも、「イルグン」（民族軍事機構）や「シュテルン・ギャング」（イスラエル自由戦士）のように、「罪のない民間人にテロを働いたり武器の強奪や盗みをやったりする隠密集団のやり方」（ジェニス）に反感さえ持っていた。カーン夫妻は、パレスチナ勤務の英国人に暴力や陰謀を企てているメナヘム・ベギンやイツハク・シャミルのような人びととはかかわりを持ちたくなかった。後世、二人ともリクード党首として首相に上りつめて、やはり首相となるシャロンやネタニヤフを育てることになる人物である。

自分の立場を反シオニズムや反ユダヤ主義から峻別したフレイアは、毒気のある中傷には敢然として反論の筆をとった。

「パレスチナにおけるユダヤ人の民族的郷土建設は、その国の住民との合意によってのみ行なわれるべきで、武力によってそれを達成すべきではないと思っているだけです」。

彼女は、極端なシオニズムには反対したかもしれないが、反ユダヤ主義者ではありえなかった。アラブ人であれユダヤ人であれ、旅や生活を豊かにしてくれる人とならだれでも付き合えたフレイアは、いかなるものであっても宗教的狂信主義を嫌った。神は存在するといった漠たる信仰以外に、特定の宗派に属そうともしなかったのは、キリスト教、イスラーム教、ユダヤ教という三大宗教の類似性に触れた点とも無縁ではない。

また、彼女が反シオニストだったとしても、その立場は哲学や政治にかかわるものであり、人種的偏見と関係がなかったことは明らかである。ユダヤ人に安全な故郷をというシオニズムの夢については、それが排他的にならない限りにおいて、むしろ同情しがちであった。

しかし、現時点から眺めれば、伝記作者ジェニスの結語こそ、フレイアの生涯を黙示的に意味づけたといってよいかもしれない。「その夢を実現するためにユダヤ人の郷土を、アラブ人を追い払うことによって生み出すのは、暴力という遺産をその後長いあいだにわたって生み出すことになるだろうと彼女は見抜いていた」。

イラクを駆け抜けた友

イラクで殉職した奥克彦大使は、NGOを大切にした人だという。「政府より先に入っている人たちこそ、大切にすべきですよ」と。まことに印象深い言葉ではないだろうか。また、外交評論家の岡本行夫氏は、首相補佐官としてこの間までイラクの現場を飛びまわっていた。岡本氏は『**砂漠の戦争**』において、イラクで行動を共にした奥氏や井ノ上正盛書記官の活躍ぶりを人道復興支援の現場描写に重ねながら、追悼の思いを詩的な描写の中で浮かび上がらせている。

『**文明の衝突**』を書いたサミュエル・ハンチントンの近著『我々は何者か』によれば、米国で生まれたムスリムのうち三二パーセントの人びとは、可能ならどこかのイスラーム国家に住みたいと考えているという。米国はイスラーム国家を植民地にしたこともなく、もともとはアラブ人移民にも寛大であった。

この米国人たちがアブー・グレイブ収容所の醜聞を起こしたことに衝撃を受けた人は多い。有名な一〇一空挺師団長のベアトリス少将は、事件を「みぞおちへの一撃」であり「苦しくて呼吸もできない」ような気分だと語った。同じ師団のヘルミック准将のように、占領直後に、手持ちの資金で民政の安定と住宅建設に尽力する人もいた。老女が米兵に一〇〇ドル盗まれたと聞くと、自腹で弁済し詫びた将軍なのである。

しかし、殉職した奥氏や井ノ上氏は、善良で理性的な米国人だけとつきあった訳ではない。奥氏たちの世話をした米国人のなかには、わざとスケジュールをひっくりかえすイヤな人間もいた。また、奥氏や岡本氏が五分遅れて食堂にたどりつくと、「食い物はもうない」「余った食い物はみんな捨てちまったよ！」と嫌がらせを受ける。

近くにあったパンや牛乳だけでわびしい食事をしていると、警備のネパール兵が憐れみシチューをたくさんもってきてくれた。どうにも米国人のなかには性格の悪いのがいると奥氏も怒るのだ。

奥氏は、CPA（イラク連合国暫定統治機構）の建物のなかでも、部屋を確保するのに苦労した。奥氏や井ノ上氏は黙っていて仕事が回ってくるわけではない。ひたすら日本に可能な役割を模索してまわる奥氏の姿が痛々しいほどだ。岡本氏は小泉首相に対し、ブレア首相に会ったときに、イラクの英軍当局による奥氏への便宜供与について頼んだらしい。一外交官の仕事を宜しくという小泉首相の要請にブレアも驚いたらしいが、その後の奥氏は復興支援事業で対外関係を調整する大事な役割を与えられたという。

現地の復興事業は日本で考えるほど気楽なものではない。マニュアルもなく資材もないなかで始まったのだ。セメント工場の稼働のためにボランティアで協力してくれた日本企業の経営者と技術者の義侠心、バスラ近郊の港の浚渫やモースルでの住宅建設への支援に寄せた外務省無償資金課長の太っ腹な決断も印象に残る。

さすがに豪放な岡本氏らも一九八八年にフセインの毒ガス攻撃を受けたクルド人たちを訪ねた時は胸をしめつけられた。「村人たちに案内されて、ハラブジャの集団墓地に立った。僕と奥は、ひとつずつ花束を墓の前に置いた。大勢の人々がいるのに物音がしない。まるで一人の人間しかいないようだった。奥も、何も言わない。午後の太陽が照りつけているのに、暑さはなかった。二万人の死者の魂に取り囲まれて、静寂だけが広がっていた」。

これは奥氏と井ノ上氏そしてイラク戦争の犠牲者への鮮やかな鎮魂の詩にもなっている。

イラク人の心を理解するために

一見すると、すこぶる奇妙な組み合わせのように思える二冊である。しかし、イラク情勢の混迷や日本人の人質事件などが起きた現在、イラクの人びとの心を理解するために欠かせない手がかりを与えてくれる点で、いま一番併読したい書物なのだ。

『イラク便り』の著者奥克彦氏は、イラクで人道復興支援の最中に井ノ上正盛書記官と一緒に殉職した大使である。『イラク便り』は、イラクから日本の市民各層に向けて発信した便りを集めているが、全編からイラクの復興にかけた情熱と使命感が伝わってくる。奥氏が物事を考える出発点は、ある女性教師が語った発言にあるのだろう。「私たちは今とても苦労しているけど、サッダームの政権がなくなったことだけは本当に嬉しく思っている。外国人のあなたに、そのことだけは伝えておきたかった」と。そして、奥氏の仕事は、具体的な復興事業をいかに選定するかという点にあった。

たとえば、戦争後すぐに英国と共同でウンム・カスル港を浚渫しなければ、世界食糧計画の調達した食糧援助船が入港できないとして、関係者と協議してプロジェクトを立ち上げたのは慧眼であろう。しかし、米国のコンサルタント会社ベクテルが横槍を入れてきて順調にはいかない。それでも、周りから信頼されていた奥氏は、日本に好意的な人びとの援助もあって、浚渫プロジェクトの獲得に成功するのだ。支援活動でありながら、仕事の獲得に多大の苦労と競争がつきまとうことにも、日本の読者は驚くであろう。現場の外交官の活動とは地味なものであり、粘り強さが要求されるのだ。こうした特異な能力と人間的魅力を持った奥氏や井ノ上氏の損失はあまりにも大きい。そして、次のような結びの文章を読むとき、あくまでも謙虚かつ寡黙な御遺族の心に思いをいたしながら、奥氏らの業績が感動をもってよみがえるのである。

「自由を手にしたイラクの人々は、テロの恐怖と戦いながらも着実に新しい国造りを進めています。私たちもイラクという国がテロリストの手に落ちないように、懸命の努力をしているイラクの人々と手を携えなければなりません。これは、自由を守るための私たち自身の戦いでもあるのです」。

イスラームの聖典『**クルアーン**』にはすぐれた日本語訳がいくつか出されている。しかし、『クルアーン』とは何かという問いに答えた書物は存外に少ない。大川玲子氏は『**聖典「クルアーン」の思想**』で、現代人としてのムスリムの生活感覚や教養をたえず意識しながら、『クルアーン』の性格、それに先行するユダヤ教やキリスト教の経典、人間の運命と天の意思などについて分かりやすく分析した。また、明治や大正の日本人たちの『クルアーン』解釈と翻訳を興味深く比較解説もする。

『クルアーン』とは、預言者ムハンマドがアッラー（神）から受けた啓示を集大成した「聖なる書物」にほかならない。したがって、『クルアーン』の句を含んでいる不要な紙をリサイクル用のゴミ箱に捨ててもよいのかという問いが寄せられるほど神聖な経典なのだ。また、アラブの市民であれば誰でも『クルアーン』を読誦《どくしょう》できるというものでもない。七世紀の古典アラビア語を正しく理解して発音技法をきちんと学ばなければ読誦もできないのだ。読誦大会は各地で開かれ、世界規模のコンテストもある。一九九九年の最初のオンライン大会で優勝した参加者は、一九歳のニューヨーク在住者だったというのが面白い。

最初の『クルアーン』日本語訳は、一九二〇（大正九）年に坂本健一が訳した『コーラン經』のようである。第一章の出だしはこうである。「大慈悲神の名に於て、神を頌《たた》へよ、萬物の主宰、最大慈悲、審判の日の王」。今よく読まれる井筒俊彦訳はこうなっている。「慈悲ふかく慈愛あまねきアッラーの御名において…讃えあれ、アッラー、万世の主、慈悲ふかく慈愛あまねき御神、審きの日の主宰者」。

大川氏は坂本訳の文体を簡素かつリズム感に富むと語っているが首肯できるというものだろう。映画『アラビアのロレンス』には、運命とは「書かれている」のか、ロレンスがいうように「何も書かれてはいない」のかというやりとりが出てくる。これを素材に「書く」ことすなわち「運命を定める」ことの意味を解きながら『クルアーン』の性格を論ずるなど、これまでにない視角と着想が魅力的な書物になっている。イラク人の深層心理の一端をうかがえる本ともいえよう。

ユーラシアの世紀

『ユーラシアの世紀』は、一九九八年七月二〇日、国連タジキスタン監視団政務官として活躍中に現地で何者かに襲撃され、殉職した秋野豊・元筑波大学助教授の遺著となった論文集である。タジキスタン和平プロセスで不慮の死をとげた秋野豊氏への追憶は、人びとの間でますます強まるばかりだ。秋野氏は、民衆や市民といった下からの目線を忘れずに、現地をじかに踏んだ国際政治の専門家であった。〈アームチェア・スカラー〉の多い政治学者のなかでは異色の存在であり、〈行動する政治学者〉と称されるのも無理はない。

現に、『ユーラシアの世紀』の第二部「ユーラシアの胎動——国境・紛争地帯を行く」を読めば、タジキスタン内戦やグルジア内戦の現場を彷彿させる臨場感などを通して、秋野氏のエネルギッシュな活動ぶりがひしひしと伝わってくる。コーカサスや中央アジアなどの内戦地域や国境検問所などで、卑屈にならず勇気をもって言い分を堂々と説く秋野氏の姿は、後進にとってこよなき励ましとなるだろう。

しかし同時に、生前の秋野氏は大きな政治分析の枠組みと大胆な仮説を提示した理論家でもあった。この点の才は、第一部「ユーラシア学序説——ユーラシア国際システムと日本外交」において遺憾なく発揮されている。

この雄大な論文は、冷戦終結後に「アジアの国際関係がシステム化する可能性」を検討したものだ。ポスト冷戦期には、北緯四〇度から五〇度にかけたベルト地域を中心に、「アジア・ユーラシア」の時代が始まると主張していた。

第一部の原稿は、秋野氏がタジキスタンへ出発する直前の、九八年四月に書かれたものだという。秋野氏は、東西と南北の両軸に沿って出現する「大シルクロード」の性格についても言及を忘れない。そして、日本もできるだけ早くコーカサスや中央アジアを通って東から西に向かって「トンネル」を掘り進むべきだと政策提言をしていたのである。

また秋野氏は、日本のユーラシア外交を阻害しかねない要因にも注目する。それは、「大国復活」の野心をもつロシア外交、「反中国の連携関係」が築かれる中国各地やモンゴル、朝鮮の民族運動の高まりにほかならない。

また、ロシアが地域紛争や民族問題を勝手に利用しながら、ユーゴスラヴィアの統制に失敗したように、ソ連でも各勢力を統制できなかった失策が解決を不可能にしたと指摘する。日本の北方領土問題については、ロシアが世界列強として欧州で大譲歩した基本条件と違っており、クリミアを実効支配するウクライナに譲歩した事例とも違うと醒めた分析をする。むしろ、中露国境問題に近い厄介な性格をもっており、その解決には新たな「アジア・ユーラシア」国際システムというブラック・ボックスの中で、「歴史的うねりのエネルギー」を使ってはどうかと見通しを語っていた。

『ユーラシアの世紀』は、稀有の学者に訪れた突然の死に改めて悲しみが深まる本である。

文明の対話

イランの大統領選挙で圧倒的支持を得て再選されたモハンマド・ハタミ（ハータミー）の論集『文明の対話』を読んだ。それにしてもハタミは、端倪すべからざる政治家である。米国による徹底した封じ込め政策に対して、「文明の対話」という普遍的な命題をふりかざし、イランの孤立脱却をはかる手腕は非凡というほかない。しかも、イスラームとイランの停滞の原因を「思想の自由」がなく「専制政治の暗い影」が社会を覆った歴史に求めるなど、その率直な見方は従来のイランの宗教者政治家にはなかったものである。イスラーム神秘主義（スーフィズム）についても、市民社会を含む現世を否定することによって、政治離れを起こして「血にまみれた専制者たちの手に社会を任せ、与えてしまう」と、不正に抵抗せず現実から目を閉ざした歴史を厳しく批判している。

思想は自由な雰囲気のもとで開花し、自由がなければ社会の成長もありえないという主張は、ひとまず日本や欧米の世論にも受け入れられるものなのだ。

ここでハタミは、興味深い自由論を展開している。自由とは「考える自由」であり、「新しい考えを発表することを保証する自由」である。また、「自由な意志を持つ人間と思想家の安全を守るための制度をつくる自由」を強調するハタミの論点も大方の賛同を得られるだろう。すべての国家にあてはめられる自由のモデルなどないというのは、アングロサクソン型の自由や人権を強制しようとする米国への鋭い反発なのだろう。

ハタミは、二〇〇一年に「文明の対話」を進める根拠として、人類が対話と理解を緊急の問題と考えており、戦争や差別や恐怖の被害を受けた人びとに「対話と理解」を通して「約束された未来」を保証することをあげている。彼によれば、そもそも文明の対話という概念は歴史上ムスリムが打ち出したものであり、ヨーロッパ人が「寛容の精神」を学んだのもイスラームからであったという。このあたりは、対話を通して是非議論を深めてもらいたいものだ。しかし、文明の対話とは人びとの間の平等と国々の間の平等を意味するというのは正しい。相手を尊敬し相互に平等だと認識しなければ、対話が成り立つはずもない。

対話の必要性はイスラーム社会の内部にも向けられる。そこに存在する格差や違いを縮めるために共通の要素を多く用いながら、問題解決に努力していくのは対話の真骨頂である。

宗教と理性を相補的にとらえるのもハタミの冷徹な特性である。イスラーム世界の思想家に限らず日本の学者のなかにも、イスラームの歴史をさかのぼることで、その文明的到達度の高さを実証するだけに満足する者も多い。しかしハタミは、「過去を探求するのは、未来に向けての跳躍台を見つけるためである」とリアリズムの立場を崩さない。世界のどこで生まれたものであろうと、人類の思想や文明の生んだ優秀な成果をとりいれるのに何を憚《はばか》ることがあろうか。イスラーム世界もその成果を「吸収」しなくてはならないというのだ。

結局、文明の対話とは理性と自由に関わる営みだというのが、ハタミの根本主義なのである。アングロサクソンの自由と違うイスラームの自由は、精神性と結びついており、人間生活における精神的側面を強調すると主張したいのだろう。いくつかの疑問は残るにせよ、自由はあっても精神的に歪みの多い社会をつくりだした日本人にとっても、人ごとでない論点が含まれている書物といってよい。

パレスチナへの愛

一九九一年一〇月、湾岸戦争が終わってマドリードで中東和平会議が開かれたとき、パレスチナ代表団のスポークスマンとして堂々と振舞った女性の姿を思い起こす人も多いだろう。自信と誇りに充ちた女性の繊細な語りや挙措に魅せられた日本人もいたはずである。彼女こそ、パレスチナのキリスト教徒の家に生まれたハナン・アシュラウィなのである。英文学者ハナン・アシュラウィの回顧録『パレスチナ報道官』を特徴づけるのは、驚くほど豊かな表現力、無駄のない人物批評、政治的リアリティの厳しい理解にほかならない。アラファトとサッダーム・フセインの「例の悪名高き抱擁と接吻」に対する批判は妥協の余地がないほど厳しい。それこそ、「あらゆる他のイメージといっしょになって、国際社会の判断力をどこかへ吹き飛ばしてしまったのだ」と。

もしイラクの行為を認めてしまえば「インティファーダを支えている道義的基盤が全部崩れてしまう」という判断も正しかった。しかし、いかなる理由でも占領に反対する「誠実な態度」を要求したハナンに対してPLO首脳は、原則よりも現実を重んじた。指導部の動揺を見透かすかのように、パレスチナの民衆はサッダームに「絶大かつ不当な支持」を与えたことも記憶に新しい。イスラエルを攻撃するなら占領地のパレスチナ人の安全はどうなる、と聞かれたサッダームは、「レンズ豆をよりわけることなどしない」と答えたというのに。

ベーカー国務長官の素描にも観察眼の鋭さがうかがわれる。その強烈な印象といえば、「冷たく突き刺すようなまなざし」であった。「人の心の奥底まで見すかし、相手に心理的ダメージを与える次の戦略を練っている目」だというのである。ハナンは、この「容易に測りがたい人物」と何度もむずかしい交渉と駆け引きを繰り返すことになる。イスラエルのシャミル首相は、「意固地で、頑固で、粘り腰」だったという。『パレスチナ報道官』では、アラブ首脳の素顔もしばしば描かれる。エジプトのムバーラク大統領は、ハナンを前にシャミルを「何一つ信用できない男」「嘘吐きで泥棒」だときめつけたといった類いの証言である。

ハナンに対する嫉妬とやっかみも相当なものだった。「英語屋さん」「ベーカーが選んだ」「アイドル、人気者、マスコミの産物」といった中傷がしばしばPLO周辺から投げつけられたが、彼女は一度もとりあわなかったという。自尊心も相当に強い女性なのである。アラファトは、自分の率いているのが「指導者ばかりの民族」であり、男女を問わずに「誰もがわれこそ先頭に立つべき人間と思っている」と語ったことがある。ハナンの仕事は誰からも祝福されたわけではない。それでも彼女の支えになったのは、家族の愛情と友人や支援者が寄せた「アマーナ」（信頼）であった。

「和平を求めて歩んできた七年の遍歴は親としての体験にも変化をもたらした。子供との関係は暗闇で交錯するストロボのようなものになり、その瞬間的な眩い輝きはあたりの暗闇をいっそう黒々とさせた。私は仕事の合間に過去と未来、両方のイメージを深く鮮やかに心に浮かべ、それを支えに目の前の現実に立ち向かっていこうとした」。

何という美しく感動的な文章であろうか。現在の彼女は、専制化を強めるアラファト政権に批判的な立場をとっている。中東に関心をもつ読者であれ、文学好きの読者であれ、ハナン・アシュラウィの正直な勇気と使命感から多くの感銘を受けることはまちがいない。

『バクダッド憂囚』をこう読む

イラク戦争は予想外に短期間で終わった。米国による公の戦争目的だった大量破壊兵器の発見にはいたっていないが、サッダーム・フセイン体制の転覆という湾岸戦争以来の密かな目的は、十分に達成されることになった。米国は大量破壊兵器が見つからない場合にも、それを使用しかねなかったフセイン体制を倒壊させて国際テロリズムへの拡散を防いだ意義を強調するだろう。そして、イラク市民が受けた迫害の事実を厖大な証拠とともに国際社会に示すはずである。想像を絶する犯罪行為を広く知らしめるとともに、復興に関わる建設的な青写真を示すことによって、反テロリズムの先制行動論と結合した独特な予防戦争の正当性を主張するにちがいない。

さて、フセインとバース党による独裁政治体制の最大の被害者は、イラク国民である。しかし同時に、その恣意的な政治や法解釈に苦しめられた外国人も少なくない。無事に商談が成立し契約当日の朝を迎えたところで、調印が無期延期ついで破談にされた苦い経験をもつ日本企業もあると聞いている。イラクでは、実務レベルでいかに精緻に商談を重ねていても、突如として天の声が下りるがごとくフセインの意思が表明されると、一件はあえなくおしまいになった。そして、入札はフランスの企業に落ちたともいう。フランスと日本を比較すると、国連安保理に議席をもつフランスの方が制裁解除や米国牽制の観点から有用と判断されたからだろう。

こうした恣意や無原則は、フセインに限ったことではない。密告と嫉妬の網に覆われたイラク社会では、誰かの成功は他者の失敗につながるゼロサム関係を強いることが多かった。アラブの世界にはよく知られた謎々がある。

「毒よりも、もっと速いものはなあに?」

「それは妬《ねた》みの目」

吉松安弘氏のノンフィクション『バグダッド憂囚』の主人公赤尾の事件も、アラブ人同士の妬みにまきこまれた不幸な一例かもしれない。もっとも、イラクなどアラブの国々に限らず、かつて日本人による商談や接待には多少の贈与やリベートがつきまとうことも多かった。問題は、その性格が常識的な枠内におさまっていたか否かであろう。吉松氏は語る。「この国の役人からの贈賄申入れがないわけではない。大きなものから小さなものまで、プレゼントをねだられることは、むしろ、いくらでもあった。そこを、どうさばいてよい方向にもってゆくのか……。これが難しいところだ」。赤尾の場合には、相手側から要求されたものであり、商道徳を甚だ逸脱していたとはいいがたいようだ。それでも赤尾は、密告によって、イラクの刑務所に送られ懲役五年の有罪を宣告される。この物語は、赤尾が獄中の厳しい生活に適応しながら、日本の家族や同胞による救いの手を待ちのぞむ忍耐と、商社員など周囲の人間模様を微細に描いている。

赤尾は、「発情河豚《ふぐ》」とひそかに名づけた「荒い息遣い」をする性格異常者から拷問を受ける。興奮剤を打たれているかもしれず、不気味で「異常な狂人」にも思えて、電気ショックを受ける前から恐怖を感じてしまう。「剝出しになっているペニス」にも電極が貼りつけられるにおよんで大声を上げて喚いたのは当然であろう。電圧を変えるだけで痙攣や痺れが全身にひろがる。事実でないことさえ自白させようと尋問者は必死になる。拷問時間は無限に続いたかのように思えて、その実わずか十五分くらいだったらしい。この種の拷問専門家はどの独裁国家にもいるのだろうが、イラクの場合、とくにソビエトのKGBの指導や、イスラーム史のテロの伝統を継承しているだけに、巧妙さを極めたのだろう。

人しれずにイラクの獄中に囚われた同胞を救うのは、現地の日本大使館の重要任務でなくてはならない。このあたりの日本の外交官の振舞いとメンタリティについても、この本は分析と描写を怠らない。外交官だからといって一色ではない。資格や経験によって赤尾の事件に対する考えが違うあたりも興味深いのだ。およそ領事部に配属される上級職《キャリア》ならぬ専門職《ノンキャリア》の外交官は、職務柄、イラク側の態度に対して厳しく対処するよう上司たちに求める。若い副領事は、「こんな非人道的な行為が自国民に行なわれているのに、見て見ないふりをしたら国民の信頼は失われるし、日本政府の正義感覚も疑われますよ」と正論を吐く。これに対し練達の大使館ナンバー・スリーは、「拷問の事実も、こっちの一方的な聞取り」だとして事案には慎重に対処すべきだという。さらに、こうも言い放つ。「君の議論には、国益全体に対する大きな配慮も欠けている。外務省の任務は何なのか、正義とは何なのか、書生論議ではなく考えてみたまえ」。

北朝鮮による拉致問題のおぞましさを知った日本人であれば、拉致事件が起きた時に保守・革新を問わずに有力政治家たちが示した態度を熟知している。練達の外交官だけがこの種の事案に冷淡だったわけではない。在イラクの日本大使館の対応も、戦後の日本人が全体として、国民の生命や国家の名誉といったかけがえのない理念を軽視しがちな風潮のなかで起きたエピソードなのかもしれない。戦前の砲艦外交を否定するあまり極端な裏返しとして、任国と摩擦を起こしたくないという感性は、日本人外交官のなかにしばしば見られる特徴ではないだろうか。「理不尽な目に遭っている個々の国民を助けないでは、国も成り立ちませんよ」という領事の発言は、良心の疼《うず》きに留まらず、外交官としての矜持の発露ともいうべきだろう。

そして事の本質は、キャリアが冷淡で、ノンキャリアが温かいといった簡単なものでもない。赤尾の妻の京子が外務省に出かけたとき、領事二課長は同情の言葉をおしまず解決に努力すると激励したのに、中近東二課長からは〈犯罪行為〉をした赤尾が悪いといわんばかりにけんもほろろの仕打ちを受けている。両人ともキャリア外交官なのだが、その職掌や人柄が複雑に絡んで対応差が出てくるといわねばならない。

それにしても、食事や排便をめぐる光景を読むにつけて、赤尾の耐え抜いた環境の厳しさがしのばれるのである。食事をめぐる喧嘩は日常茶飯事であり、食器洗いのためにスープの入っていた大バケツが運びこまれると、その底に残っている「ドロドロの残飯」にありつくために、囚人たちは行列をつくり、手の平に少しずつ分けてもらって口に入れたりもする。便所の順番をとるために同房の百人のアラブ人の面倒な名前をおぼえこまないといけない。誰それの次は俺だぞ！　と名乗りをあげないと素早く順番をとれないからである。もっとも、「出もの腫れもの、ところ嫌わず」という生理現象だから、緊急事ともなれば快く譲ってくれたらしい。そこはアラブ式ホスピタリティというところであろうか。それでも、イスラーム流に水で大便処理をする方法に慣れてきた赤尾は、その清潔さと合理性に関心もする。

獄中の赤尾は、「本心がつかめず、手探りの心地がすることも多い」アラブ人よりも、ヨーロッパ人に親しみを感じたらしい。日本は西欧化を理想としてきたから当然といえば当然であるが、獄中で一緒になったオーストリア人たちも赤尾に同じ気持ちをもってくれたという。一緒になったフランス人も贈賄容疑だったが、赤尾の渡した金額を聞くとこともなげに、「なんだい、そりゃゴミみたいなもんだ。お前、なんにもやってやしないんじゃないか」とニヤリと笑ったという。この男はまもなく釈放されてしまう。その理由を説明する吉松氏の目は、政治リアリズムそのものである。そして、事態の肯綮《こうけい》に中《あた》っているのだ。

「イラクは戦争に必要な最新鋭の近代的兵器を主にフランスから買い付け、パイロットの訓練などにも全面的な協力を得ていた。特に戦闘爆撃機ミラージュやエグゾセミサイルは、戦力の中心として無くてはならない装備だったし、前年（一九八一年）六月、イスラエル空軍の爆撃によって破壊されたイラクの原子炉も、フランスの手によって建設中のものだった。フランス政府から要請されれば、たいていのことは断りにくい立場だったに違いない」。

イラク戦争直前の国連安保理におけるフランスの執拗なアメリカ批判は偶然ではない。フランスが開戦に反対したのは、シラク大統領やドヴィルパン外相が反戦平和主義者だったからではない。戦争反対がフランスのイラク利権を温存させ、石油から軍事にいたる幅広い分野でイラク＝フランス枢軸の維持こそ国益に適うことを外交巧者として知っていただけのことである。それにしても政治リアリズムは、市民の生命を助けるという段では、国の強さとならんで堂々たる風格も必要なことを教えてくれるのだ。

果たして、事態は政治家による決着を待たなくてはならなかった。中曽根康弘首相に息子の悲運を訴えた母や妻の愛情とヒューマニティが政治家と外務省を動かすことになる。総理の意を受けた安倍晋太郎外相がイラクを訪れたとき、公式行事の後空港まで同乗したアジーズ外相にさりげなく話を切り出したのである。このタイミングの計り方が絶妙なのである。その後、問題は一瀉千里のごとく解決された。イラク側にも情けを知る人間がいたというところだろう。

逮捕以来、赤尾は六百と八日で出国したが、帰国後しばらくして物故した。もし赤尾が生きていたなら、今回のイラク戦争をどのような思いで見つめたであろうか。赤尾とその家族を苦しめたサッダーム・フセインの独裁国家イラクもいまは消えてない。しかし、今でも関係者らにとって、往時茫茫という気分には到底なれないはずである。そして、赤尾を苦しめた刑務所が米軍のイラク人虐待ですっかり有名になるアブー・グレイブだったとは、神ならぬ日本人には知る由もないことであった。

II　帝国とはなにか

予期されていたことだが、シリアとエジプトでは、アメリカ州（トルコ人はわが国のことを、人が訪れたことがない、どこか世界の果てにでもあるとるにたらない、小さな州だと考えている）の住民がこぞって聖地にやってくるのだというばかげた考えが広まっていた。

――マーク・トウェイン『地中海遊覧記』

無敵帝国の神話

一七五〇年から一八〇〇年までの時期に、現在の「先進国」として知られる地域の一人あたりGNPは、いまの「第三世界」の一人あたりGNPとほぼ同じだったという。これは、イギリスの歴史家エリック・ホブズボームが『帝国の時代』で示す見解である。当時は、世界総人口の三分の一を擁していた中国がヨーロッパ人の生活水準よりも高いレヴェルを誇っていた。中国を一風変わった国だと考えるヨーロッパ人が十八世紀にはいたかもしれない。それでも、かれらのほとんどは中国を「後進国」とは思わなかっただろう。

しかし、十九世紀から二十世紀にかけて、アジアとヨーロッパとのあいだに経済格差が目立って開きはじめた。一八八〇年には、「先進国」の一人あたり国民所得は「第三世界」の約二倍であったが、一九一三年には三倍を超えるようになったのだ。しかも、経済格差は開く一方であった。ちなみに、一九五〇年には格差が一対五、一九七〇年には一対七となるのである。いちばん先端的な先進工業国とアジアとの格差はもっと顕著であり、一八三〇年に「第三世界」のほぼ二倍だった先進工業国の一人あたりGNPは、一九一三年には七倍にも達していた。

こうした格差が生まれた基本要因は、なんといっても科学技術水準の差が開いたからである。その応用として軍事技術に優劣がついたことも見逃せない。十字軍戦争に際してアイユーブ朝のサラーフッディーンは、イギリスのリチャード獅子心王と互角どころか、しばしば優位のうちに戦闘を進めた。しかし、一七九八年のナポレオンのエジプト侵入を迎えると、マムルーク兵力とフランス軍の装備はほぼ拮抗していたとはいえ、総合力ではヨーロッパ側が上まわるようになっていた。アジアの貧しい国々は、軍備の科学性で劣っただけでない。戦闘隊形や命令系統の組織性や冷酷さの点でもヨーロッパに一籌《いっちゅう》を輸《しゅ》するようになったのである。アジア諸国で頻繁に起こった内戦ともなると、どちらが最新鋭の近代兵器を欧米から輸入するかで勝負が決まったといえよう。

この格差は、独自の文明を担った大国間の争いにもちこまれると、目もあてられない悲惨な結果をもたらした。十九世紀から二十世紀にかけて繰り返されたオスマン帝国とロシアとの宿命の戦争、中国と英仏間の阿片戦争やアロー号戦争、インド大反乱をめぐるイギリスとムガル諸勢力との戦争などは、「鋼鉄時代」の到来におけるヨーロッパの優位をはっきりと証明した。

「無敵帝国の神話」にもまして、ヨーロッパの先進国と、それへの支配や従属を迫られた国々とのあいだには大きな違いがある。それは、資本主義を成長させた国々がヨーロッパ文明の担い手として優越感をもちながら水平的に共通の使命感に統合されていたのに、他の地域は先進工業国へ垂直的に統合されるか従属する以外に自分たちを集団として意識する機会をもたなかった点である。

中華帝国とブラジル、ニュー・ヘブリディーズ諸島とモロッコ、インドネシアとニカラグアに共通する特性があっただろうか。あるとしても、人類という共通の意識以外に格別の連帯感があったとは思えない。

しかし、ホブズボームはイスラーム世界のようにウンマ意識によって強烈に連帯する世界の抵抗ぶりを評価しようとはしない。また、日本のようにヨーロッパの科学技術水準に追いつきながら、その優位性に挑戦する国の存在を的確に理解しているともいえない。イスラーム世界は日露戦争のプリズムを通して日本の近代化を眺めるが、日本とイスラーム世界との結びつきは、いま思うほど突飛ではなかったのだ。日露戦争後に日本を訪れたシベリア・タタール出身のアブデュルレシト・イブラヒムは、旅行記『ジャポンヤ』のなかで、その鋭い眼力によって両者の結びつきを観察している。

一九〇八年一二月にチタから満州へ入ったイブラヒムは、すでに日本商品がロシア商品を圧倒する様子に驚いた。ロシア語に詳しい中国人の商人と会話を交わすと、中国が民族的覚醒を遂げている姿を実見してもいる。その一方、年が改まって一月にウラジオストクへ着いたイブラヒムの目に映ったのは、荷運びで糊口をしのぐ流亡の朝鮮人たちの哀歓である。その集落を訪ねたイブラヒムは、あまりの貧困ぶりに愕然とした。もしかれらについて小説を草するなら〈涙ナクシテ読マザル長編タルベシ〉と語ったほどである。しかし、東京に入ったイブラヒムは、日本人の活力を西欧支配下に苦吟するイスラーム世界の解放に利用しようとたくらんだ。日本に多くのタタール人を留学させ、「世界の風雲色を変え、列強の形勢に転化を見んとするの時期に乗じ事を決行せむと欲す」

と述べたイブラヒムは、大隈重信や伊藤博文ら政府の要路にも接近している（訳は小松香織・久男両氏による）。

もっとも、イブラヒムは日露戦争における日本の戦勝の二重性格についても気がついていた。朝鮮に渡ったイブラヒムは、「資本主義国家の鉄の顎《あぎと》でもって、不幸な朝鮮を思うさま嚙みくだいている」日本の実像を描き、亡国の危険にさらされ自嘲の言葉を吐く朝鮮人に同情している。失意のどん底にある朝鮮人には、ロシア人が四〇〇年以上も支配したのに民族性を失わないタタール人の例を見習って、民族性を守れば復活の好機もあるだろうと諭したのである。同じ姿勢は、日本の「満州県」と化した感のある中国東北地方に入っても貫かれた。それでも日本の活力と可能性に期待しながら、アジアの統一と解放を呼びかけた点にイブラヒムの特徴がある。

中東から中央アジアにまたがるイスラーム世界においても、ムスリムの人びとはロシアの圧力に苦しんでいたこともあり、日本の勝利を好意的に迎えたものである。そこでは、東アジアと違ってロシア敗北の積極面だけがバラ色に語られる傾向があった。日露戦争のさなか、一九〇五年にオスマン帝国支配下のシリアを旅行した富裕なイギリス人女性ガートルード・ベルの見聞については、すでに小著『**近代イスラームの挑戦**』などで触れたことがあるので、ここでは繰り返さない。

しかし、ベルが見聞きしたように、自分の商売とはかかわりのない遠隔地で勝利を収める日本という国のうわさ、荷駄よりも豊富な白色人種ロシアの敗北の情報を積んで町から町へ移る行商たちの話は、衛星放送やインターネットのない時代には第一級のニュースであった。イスラーム世界は、日露戦争の推移に商いの種や政治的な言説を見出しながら、英仏はじめヨーロッパの国も無敵ではないと自信を深めた。ロシアという「無敵帝国の神話」とその崩壊は、アジアの国々が自立するうえで大きな条件になったのである。

引き裂かれる世界

『文明の衝突』の著者ハンチントンは、『引き裂かれる世界』のなかで9・11同時多発テロについて、驚くほど抑制のとれた見方を示している。それは、西欧文明とイスラーム文明との全面衝突ではない。むしろ西欧と特定のイスラーム諸国あるいはイスラーム急進派グループとの間で起きている対立の一部にすぎないというのだ。

もっとも、西欧とイスラーム世界は、一九七九年のイラン・イスラーム革命以来、「擬似戦争状態」に陥っているともいう。これはいかにもハンチントンらしい見方である。彼は、この『引き裂かれる世界』のなかで、西欧が空軍力や秘密工作や経済制裁で争うために、一方のイスラーム側もテロで応じたと述べ、文明の近さや遠さによって世界が引き裂かれていく現実を分析しようとした。論点は、国どうしが「力の政治」をしてきた「ひとまとまりの世界像」が、もはや有効ではないというあたりなのだろう。

9・11事件の回顧に際して真珠湾奇襲がいつも引き合いに出される度に、居心地の悪い思いをした日本人もいるはずだ。幸いハンチントンは、このアナロジーよりも、英国が米国に侵攻してホワイトハウスを焼き払った一八一二年戦争こそ比較が可能だとたしなめている。彼は、イスラーム・テロリズムの攻撃パターンについて、①事前に詳細な計画を練る、②同時攻撃をする、③ある標的を失敗しても再びそこを狙う、と三点を分析している。また、「人々が無防備なところ、少なくとも攻撃されるとは思っていないところ」を狙うとも強調した。他方、多数の市民を予防拘禁しかねないブッシュ政権の反テロ措置は、「警察国家化」ではないかという声も上がっている。

しかしハンチントンは、チェック・アンド・バランス（抑制と均衡）の効いた三権分立と二大政党制の下では、そうした批判があたらないと斥ける。それにしても、新しい国際政治の本質が「テロリズムとの無期限の戦争」にあるというハンチントンの指摘は、読者に憂鬱な思いを抱かせるだろう。その根拠として彼は、問題解決をはかろうにも、イスラーム世界には「中核となる国」「リーダーになる国」がないからと嘆じるのである。

さらに、イスラーム復興運動のリーダーたちに見られる五つの特徴も、興味深いだろう。かれらは若く、多くは二〇代か三〇代である。その八〇パーセントは大学生か大卒なのだ。また半数以上が一流大学出身か、医学や工学など高度な専門性を要求される職業に就いていた。さらに、リーダーの七〇パーセント以上は中流の下だが貧しくない家庭の出身であり、一家から初めて高等教育を受ける世代になったというのだ。ハンチントンが「引き裂かれる世界」の将来を考える上で重視する要因は、イスラーム人口の問題である。

一九九〇年に世界人口の一八パーセントを占めたイスラーム人口は、二〇二五年には二五〜三〇パーセントに達するはずだ。しかも、湾岸地域では国民の六〇パーセントが二五歳以下、サウジアラビアでは四〇パーセントが一四歳以下になるというのだ。そして、イスラームの若者こそいわゆるイスラーム原理主義やその鬼子たるイスラーム・テロリズムの担い手となる現実が存在する。「復興」が流れにのった八〇年代には、主要イスラーム諸国の一五歳から二四歳の若者が総人口の二〇パーセントを超え始めた。イランの人口に占める若者の割合が二〇パーセントに達した直後、一九七九年にイラン・イスラーム革命が起こったのも偶然ではないというのだ。

ハンチントンは、反体制運動の活発だった日本の事例を出している。日本では、一九六五年に一五〜二四歳人口は全体の二二パーセント、七〇年には二〇パーセントであった。

イスラーム世界では若年人口が当分まだ減らない以上、資源や土地をめぐる隣接の民族や異教徒との争いがしばらく続くだろう。二〇二〇年代に湾岸諸国でも人口が減少に転じるまで、イスラーム世界の事態はあまり楽観的とはいえない。

しかしハンチントンは、イスラームの改革を導く次代のリーダーが若年層から出現するとも予知する。しかし、やや楽観的な見通しを示したすぐその後に、「イスラームの名のもとにテロ行為に身を投じる兵士でいっぱい」だとも語っている。「引き裂かれる世界」は、歴史の状況だけでなく、彼の胸の奥にもひそんでいるのかもしれない。

ヨーロッパで文明という概念が出現するのは、一説によれば、十八世紀の啓蒙哲学からであり、特にミラボーの「人間の友、あるいは人口論」（一七五六年）からだともいう。それ以後、十八世紀最後の三十年間になると、文明のコンセプトは普通に用いられるようになった。以前の啓蒙哲学者たちは、さまざまに異なる人びとを分類するのに、三つのカテゴリーを用いていたものである。「未開人」、次いで「野蛮人」そして「上品」で「洗練された」人びと、つまり「文明化された」人びとというわけであった。

『文明の衝突という欺瞞』の著者マルク・クレポンは、ここで新たに進歩の最終段階で理想状態を表す言葉として、「文明」が用いられたとする。大事なのは、ヨーロッパが到達したと思い描いている理想状態の文明とは、自らが抱く卓越した模範としての自己イメージだというのだ。クレポンは、文明相互の交流と浸透こそは歴史が示唆している事実だと語る。それは、『文明の衝突』を書いたハンチントンの言うように、各文明が妥協なき競合状態にあり、互いに世界の覇権をめざすかのような事態とは違っているのだ。

これに関連して言えば、「今日では、どの文明にも他のあらゆる文明の要素が見られ、それぞれの文明は他の文明の多様性を映し出す鏡になっている」というクレポンの言は、真理からさほど遠くはない。クレポンは、「文明の概念が歴史的経験の全領域に及ぶことは論証されていない」というレイモン・アロンの慎重な言に依拠する。これは、歴史家なら誰でもひとまず念頭に置くべき言葉かもしれない。クレポンは、ハンチントンをさして、「決して完全に統一された文明なるものを見いだすことはありません」と揶揄する。要するに、文明という単位は、日常の政治や経済の対立で利害が対立しがちな人間の複雑な感情や真理のひだを包みこむには、あまりにも大きな器だということなのだ。

現代の帝国

冷戦終結とソ連解体は、テロとの戦いやイラク戦争とあいまって、米国を「現代の帝国」におしあげることになった。『帝国の研究』は、「帝国とは何か」という問題に取り組んだ十編からなる労作である。歴史的に見るなら、モンゴル帝国や大英帝国のように時代と世界を動かす超広域パワーから広大な領域や異民族を支配する文明圏単位の巨大国家や地域覇権国家まで、帝国と呼ばれる存在はかなり多い。普通の国家を上まわる国際的な国家であれば、みな帝国と呼んでしまう杜撰《ずさん》さや曖昧さも帝国という言葉につきまとう。これまでの帝国論の一つは、古代帝国以来の多民族と広域を支配する「帝政国家」をイメージしながら、近代の「国民国家」の形成以前に存在した国家のあり方を強調した。他の一つは、レーニンなどの「帝国主義」という金融資本主義の段階にある近代国家を意味したものである。

外国の研究でも、ある二つの政治社会が支配と被支配、メトロポール（中心）とペリフェリー（周縁）の強力な支配関係にある状態をもって帝国と論じる者もいた。いずれにせよ、帝国という用語には、何らかの中央集権権力の下に異質な民族や地域を統合する政治システムという意味合いがこめられている。しかし、この中央と周縁との関係についての理解は、各執筆者の間でも違うようである。どちらかといえば、多民族国家と独裁国家の特徴を強調し「独裁的多民族国家の特殊な類型」として帝国を考える山本有造氏もいれば、モンゴル帝国のような遊牧民出身者を政権中核とする帝国では「専制国家・専制君主・専制権力の色彩・要素は、通常の理解とはちがってあまり強くは認められない」と力説する杉山正明氏もいる。

さらに、国民国家を基礎に成り立つ近代の「国民帝国」は、古代の「世界帝国」と違って、多数の帝国が同時に競争しながらも利害を調整する「競存体制」を認めると考える山室信一氏もいるほどだ。それでも『帝国の研究』のすぐれた点は、各々が提示する帝国の特性と類型のカテゴリーがそれなりに説得力をもっており、総合すれば外国の帝国研究よりも洗練された視座と実例を示していることである。

山本氏は、「公式の帝国」「非公式の帝国」や、「陸の帝国」「海の帝国」などのモデルを紹介しながら、「近代の帝国」すなわち「国民国家段階の帝国」を、国民国家を中核とする帝国的支配と位置づけている。これは、本国と支配地域とが格差と統合の論理に基づく「異法域結合」として帝国が存在するという山室氏の論点とも結びつくだろう。さらに杉山氏は、帝国と呼ばれる九つのあり方、帝国の規模による四つの類型、帝国変遷の七区分、地域別の帝国の八パターン、中央ユーラシア型帝国の十三の特徴などを大胆に示している。他にも、大英帝国の構造的権力やアジア・ネットワークに言及した四つの論文はじめ中国や日本に関わる帝国論からも示唆される点が多い。ただこの本で遺憾なのは、外国の研究が参照されている反面、この領域の先駆的な試論である『帝国とは何か』や『デモクラシーの帝国』など日本人の帝国論をきちんと評価していないことである。

『民主帝国』は、電極の正負のように米国に内在する「民主」と「帝国」を組み合わせた巧みなタイトルをもつ本であり、世界の人びとをひきつけるソフトパワー（価値観や文化の魅力）と軍事力などのハードパワーで世界を抑える米国の両面を扱った書物である。もともとは、毎日新聞に連載された意欲的記事やインタビューであるが、イラク戦争、北朝鮮問題、社会の軍事的特質、カネと米国文化といった四つを切り口に「現代の帝国」の実像に迫っている。なかでも、多種多様な論客を公平に紹介しながら事件の本質に迫る手法は、ジャーナリズムならではの仕事であろう。

たとえば、「民主帝国」の論議では、ブレジンスキー元大統領補佐官から米国の対テロ戦争が「必要以上に宗教的」であり、パレスチナ問題との関連づけを避けたという見方を引き出している。またイラク戦争の戦後処理について、国連の枠組みでなく米国単独で戦争する場合には相当に深刻な結果を招くともブレジンスキーに語らせていた。世界自体が「帝国」に変質したと考えるハート教授は、そこでトップの地位を占めるのが米国という独特な帝国論を展開する。

他方、ネオコン（新保守派）のクリストルは、イラク戦争が中東諸国すべての民主化のさきがけだと自慢するほどだ。「民主帝国」の現在を議論した座談会には、日米関係を考える上でも参考になる三人の専門家の知見がちりばめられている。〈分かりにくい国〉を多面的に解剖した現実的な帝国論として必読の書といってよい。

帝国以後

イラク戦争で圧倒的な力を見せつけた米国の戦略目標は、世界の資源を政治的手段によって統御する点にある。こう述べた『帝国以後』の著者エマニュエル・トッドは、米国の「劇場的軍国主義」には三つの要素があるという。第一は、際限のない軍事行動を正当化するために問題を最終的に解決しない。第二に、政治的世界の中心に留まるために、イラク、イラン、北朝鮮、キューバなどの小国に目標を定める。第三に、軍拡競争で「ダントツ」になるための新兵器開発。

しかし著者は、米国の反テロリズム戦争にしても、テロの根源に迫らないと解決はおぼつかないと二つの要素を重視した。大衆識字化と受胎調節の普及である。人間は読み書き計算をするようになると、自然にその物質的環境を統御できるというのだ。また、二〇五〇年には世界の人口が安定化し、均衡状態に入ることが予想される。現在のイスラーム世界の暴力と熱狂は一時的現象にすぎない。「イスラーム圏は、自動的鎮静化の過程を通して、外からの介入なしに移行期危機から抜け出そうとしている」のに、米国が「全世界的テロリズム」という概念を強調するのは愚策だと批判する。

しかも、米国という「帝国」は、古代アテネがデロス同盟を利用して自国を豊かにしたように、自由貿易体制や北大西洋条約機構(NATO)などの枠を使って、貿易赤字をそのままに消費優位の経済を満喫していると冷笑する。しかしトッドは同時に、二〇五〇年前後には「アメリカ帝国」が存在しないだろうとも予言した。根拠の一つは、全世界の現在の「搾取水準」を維持するには、その軍事や経済の強制力だけでは不十分だからである。さらに、平和と繁栄を保証すると同時に搾取するために、人びとと諸国民を平等主義に立って扱えなくなったともいう。他方トッドは、新たな歴史の変化や米国の孤立化に着目した米国人学者の見方も公平に紹介する。「日本の読者へ」というイラク戦争論は、フセインとシラクとの濃密な関係や武器輸出国フランスへの懐疑心を忘れている点で問題が多い。それでも『帝国以後』は、独特な帝国論として読む価値があるだろう。

帝国への報復

英語には「ブローバック」という言葉がある。ある国が自ら蒔いた種による「収穫物」を刈り取るという意味である。チャルマーズ・ジョンソン『アメリカ帝国への報復』は、アメリカが近い将来、グローバルな帝国支配の代償として、考えうるあらゆる種類のブローバックを、真っ先に受けるだろうと予測する。軍人と民間人とを問わないテロに加えて、産業の空洞化や、帝国が軍備拡大などで支払わされるコストこそ、アメリカの予期せざるブローバックだというのだ。

まず何よりも、平均的なアメリカ人は、自らつくりだしたアメリカ帝国の構造から利益を得ているだけでなく、その構造のなかで身動きできなくなっている現実を知らない。人権問題や兵器の拡散問題、テロリズム、麻薬カルテル、環境問題に対するアメリカの政策も、外国人には偽善としか思われないのは何故か、と日本通の政治学者であるチャルマーズ・ジョンソンは問う。

日本人にとって、その偽善さは「アジア最後の植民地」ともいうべき沖縄における米軍駐留に見え隠れする。日本の国土全体のわずか〇・六パーセントを占めるにすぎない沖縄県には、在日米軍施設の七五パーセントが集中している。九五年の米兵三人による少女暴行事件は決して特異な「悲劇」ではないのだ。

一九七二年から九五年までの間に、米軍兵士は四七一六件の犯罪に関与した、と沖縄県警に記録されている。完全武装した兵力が平和な市民のすぐ側にいる事態を、ロサンゼルス大都市圏におきかえ、その五分の一にあたる地域が「友好的な」同盟国の軍隊に占領されていると想像すればよいだろう。

通常、米兵が交通事故を起こしても、加害者はすぐに帰国して、刑事訴追や民事賠償の請求もむずかしくなる。チャルマーズ・ジョンソンは、軍用機騒音を「自由の音」だというアメリカ人の声を紹介しているが、これを聞いて絶句する人も多いにちがいない。

よくいわれるのは、米軍の駐留が地元経済に貢献しているという主張だが、沖縄の主要産業は観光にほかならない。沖縄に米軍が駐留する真の理由は、アメリカ人が基地の名に隠れてリゾートやショッピングセンターや住宅・生活費手当を楽しみたいからだという。月額九〇〇ドルから二〇〇〇ドルの住宅手当、月七〇〇ドルほどの生活費手当などは、普通のアメリカ人には魅力の大きいものである。

韓国、北朝鮮、中国に対するアメリカの政策をも、帝国という動機から説明する『アメリカ帝国への報復』の内容は、アメリカ政府には苦々しいものだろう。アメリカは、冷戦時代においても、東アジアや中米においては「好敵手だった超大国の官僚的な共産主義者がやったこととほとんど変わらない」政策をとったという。ジョンソンの結論は、アメリカを冷戦の勝者と考えたがる者には、不愉快に響くであろう。

「いまから一〇〇年後に振り返ってみた者の目には、どちらの側も勝ったようには見えないだろう……ことにアメリカが現在のような帝国主義の路線をとりつづけるならば」。

新しい戦争

一九八〇年代から九〇年代にかけて、東欧やアフリカには、新しいタイプの組織的暴力として、「新しい戦争」が出現した。この特徴は、従来型の戦争、組織的犯罪、大規模な人権侵害の境界が不明瞭になることだ。『**新戦争論**』でメアリー・カルドーは、9・11テロについても、「新しい戦争」の一つと考え、それを「旧い戦争」として大がかりに対応してきたアメリカ政府のアプローチを批判する。著者によれば、9・11テロなど「新しい戦争」は、三つの特徴をもっている。

第一は、国家や非国家アクターからなる国境を越えたネットワークによって実行されることである。その参加者は、狂信的な軍事勢力、準軍事集団、軍閥、正規軍崩れ、犯罪者集団、傭兵、空想から冒険に駆られた者、離散民からの志願者などである。カルドーは、このネットワークは、「旧い戦争」の場合と違って、垂直的に組織され規則に縛られた命令システムとは異質なものだと指摘する。

第二は、暴力が政治的な機能を果たしている事実にほかならない。「旧い戦争」では戦争目的は自らの意思を達成するために、軍事力を行使して「敵対者を屈服させること」にあった。しかし、9・11テロでは、暴力が恐怖と不安に満ちた雰囲気をつくりだし、過激派の大義に対する人びとの支持を動員することを目的としていたというのだ。

第三は、一種のグローバルなインフォーマル経済の確立である。略奪、不公平な取引、離散民支援者からの送金、人道援助に対する「課税」、非合法取引などの芳しくない手段を通じて、資金の手当てが恒常的におこなわれているのだ。これらは、暴力行為と緊迫感が長く続くことから利益を得ている。

『新戦争論』の著者カルドーは、「新しい戦争」の封じ込めや終結のむずかしさを説く。それは、難民や犯罪者ネットワークや極端なイデオロギーを通して広がってしまうというのだ。「暴力の文化を育むブラックホールのような無法地域」を無くするにはどうすればよいのか。〈第二次湾岸戦争〉が起った現在、熟読されるべき書物といってよいだろう。

帝国の興亡

「帝国」という言葉には、現在でも複雑な議論を呼ぶ意味がこめられており、やや危険な響きさえ感じなくもない。帝国とはさながらヒューマニズムと民主主義の反対物であり、邪悪な存在だったと考えられがちだ。『帝国の興亡』の著者ドミニク・リーベンは、歴史上有数の帝国だったロマノフ朝ロシアとソビエト連邦の興亡の背景を理解するために、過去の帝国を引き合いに出して比較を試みた。各帝国は特徴ある源泉からパワーを引き出していた。モンゴル帝国は軍事力であり、中華帝国は儒教と高度な文化力であった。ソ連が没落したのは、イデオロギーとそれに依拠した経済システムが破綻したからである。大英帝国が覇権を握った原因は経済力と金融力が他を圧していた点にあり、ハプスブルク帝国の力の源泉は政治と外交の巧みさに他ならない。

ドミニク・リーベンは、帝国をあらかじめ否定的にとらえることをしない。世界史上、帝国がしばしば世界を超えて平和や繁栄、理念を伝え合い、偉大な文明や文化を支えた面にも着目する。むしろリーベンは、フランス革命の宗教的な残忍さやロマン主義的なナショナリズムの極端さが、他地域に波及するにつれて、帝国の民族共存や地域協調の実をそこねたのではという懐疑心を隠さない。西欧人の植民地での「白人の民主的ナショナリズムは、先住民の略奪において、貴族帝国や官僚帝国をはるかに上回ってもいた」のである。オスマン帝国や中華帝国の場合には、人口数の多寡という要素や地理的要因も加えるべきだとも力説される。人口の少なかったトルコ人はヨーロッパ領土を支えきえず、多かった中国人は積極的に満州など周辺地域の統合に成功したというのだ。

ロシアやソ連の興亡には、国際環境の変化が重要な意味をもっていた。しかし、ソ連帝国の崩壊が「外国の介入あるいは脅威を伴わず終焉を迎えた」理由として、各共和国の政府にそれなりの正統性があり、明確な境界線が引かれていた点をあげる。ゴルバチョフの政策が合法的かつ円滑に帝国の崩壊を促すことになった点も重要である。ソ連解体の悲劇といっても、流血と恐怖のなかで解体した過去の帝国と比べて事態はさほど悪くならなかった。歴史確認において楽観性を失わない『帝国の興亡』は、比較史・比較政治の高度な入門書としても読まれるに値するだろう。

〈力〉の世界歴史

人間社会における力とは何であろうか。時には、権力や能力、あるいは権能や威力や威勢、さらには強国や列強といった意味をもつ用語こそ「パワー」なのである。この概念を手がかりに、歴史の基本パターンについて一般叙述を試みるとは、この『**ソーシャルパワー**』の著者マイケル・マンも相当な野心家に違いあるまい。社会学と歴史学を修めたこの英国人は、第一巻において、二つの基本命題から出発して、古代から十八世紀までの〈ヨーロッパ史〉の動きを洞察しようとした。その第一は、社会とは一元的な全体でなく、互いに重なりあい交差しあう複合的な「〈力〉のネットワーク群」が構成する社会空間だということだ。第二は、社会やその構造と歴史を記述するには、ソーシャルパワーつまり社会的な〈力〉の四源泉を互いに関係づける必要があるという点にほかならない。四つの源泉とは、イデオロギー、経済、軍事、政治それぞれの関係である。斬新なのは、この四つを従来のように「要素」や「レヴェル」の相互関係といった抽象的な言葉で語らない点にある。むしろ、組織、統制、ロジスティックス（兵站《へいたん》・補給）、通信など具体的にヒトとモノと領域を組織化し統制する能力の歴史的発展を重視するのである。

〈力〉とは、「自己の環境を制御することを通して目標を追求し達成する能力」である。〈力〉は、社会的な関係でアクター（行為主体）がもろもろの抵抗を排して自分の意思を遂行できる立場を得る可能性なのだ。歴史で大衆が反逆しないのは、集合的組織をもたない上に、他人の支配下にある集合や分配を司る〈力〉の組織に埋め込まれてきたからだ。また、「拡大包括的な〈力〉」、「内向集中的な〈力〉」といった区分も興味深い。前者は、広範囲な領域に分散する大多数の人間を、最小限でも安定する人間の協同関係に組織化する能力を指している。また、後者は地域や人数の大小とかかわりなく、堅牢な組織によって人びとを高次のレヴェルで動員し献身させられる能力である。

マイケル・マンは、この二つと別の二タイプを組み合わせて、歴史分析に役立つ組織化の区分をはかろうとする。それは、一定の命令と意識的な服従を包みこむ「権威型の〈力〉」であり、自然や道徳にもつながり文明の共通利益から抽出された慣行ともいうべき「伝播型の〈力〉」にほかならない。

この二対を組み合わせると、歴史に登場する組織化と力のタイプが整理されよう。たとえば、内向集中的な権威型は「軍隊指揮構造」であり、拡大包括的な権威型は「軍事帝国」だといった塩梅《あんばい》である。また、内向集中的な伝播型とはゼネストであり、拡大包括的な伝播型とは「市場交換」といった具合に議論が進められるのだ。

それでは、常識としては理解できる四つの〈力〉の源泉や組織は、どのように説明されるのだろうか。イデオロギー的な〈力〉は、概念やカテゴリーの意味を独占する人びと、規範の独占、美や儀式の実践からもたらされてきた。その典型例は宗教運動であり、マンは初期メソポタミアや古典期ギリシアを素材にして語っている。宗教は、規範統合の有用性から生まれながら、世俗的な〈力〉の関係から脱して「神聖」となるのだ。イデオロギーは、ある社会集団の〈力〉を強める団結や信頼をもたらす。古代のアッシリアやアケメネス朝ペルシア帝国では、イデオロギーが〈力〉の行使に大きな役割を果したたと、マンはいうのである。

経済的な〈力〉の解釈については、マルクスのように労働に対する支配を強調する立場と、ポランニーのごとく経済的交換の意味を重視する考えがある。マンは交換のもつ強さに引かれるようだ。アルファベットの考案にも見られるように、「フェニキア人のような交易帝国は、もともとその必要から〈力〉を創出した生産者集団の生活を、交易集団の働きかけが決定的に変えた例である」というのだ。経済的な組織は先にあげた二対の四カテゴリーの「顕著に安定的な社会空間的混合物」だと語るが、この説明は分かりづらい。

軍事的な〈力〉のもつ一点集中かつ強制、恐怖の二面性が、社会空間的な二重性をもつという説明は明解である。中核部では強制支配が行使される反面、周辺部では恐怖におののく住民を表面的には服従させながらも完全には統制できないからである。

政治的な〈力〉を考えるときには、国際と国内を区別すべきだという見解は当然すぎる提案であろう。いずれにせよ、この書物が訴えたかったのは、「近代西欧文明」など「われわれの世界」の特徴は、歴史的な比較によって鮮明にとらえられるという点なのだろう。その割には、儒教、イスラーム、ヒンドゥー教はまとめて一章を与えられているにすぎない。全体として北西ヨーロッパに還流する世界史の流れが比較史的に叙述されているのだ。『ソーシャルパワー』の訳文は良心的だが平易とはいいがたい。次回はもう少し練れた工夫を希望しておきたい。

原爆から水爆へ

戦争による唯一の被爆国民たる日本人からすれば、強国が何故に核保有にこだわるのか理解できない面も多い。

しかし、米ソによる原爆開発競争から水爆実験の成功にいたる経緯を多面的に扱った『**原爆から水爆へ**』を読めば、開発と保有の責任は政治家だけに帰せられないことがすぐ分かる。何よりも、『原爆から水爆へ』は核開発問題の人間臭い側面を驚くほど多様な資料から復元している。科学者の世俗的野心、スパイの功名心とイデオロギーへの忠誠などは、原水爆開発を彩る物語の一部でもある。

また、原水爆の原理の科学的な説明もわかりやすい。これまでも知られていた米国側の事情よりも、ヴェールに包まれたソ連側の原水爆研究の秘話を紹介した意味はとくに大きいだろう。

なかでも、秘密警察を握るベリアによる恐怖と褒賞のもとで、クルチャトフらの物理学者たちが党官僚と同じく特権を享受していく様は興味深い。予算や給与が急増しただけでなく、住居や日常生活の面でも破格に厚遇された。まるで宮殿のようなクルチャトフの邸宅は、イタリアから職人が呼び寄せられて完成したほどである。

ベリアの下では、実験が成功しなければ全員処刑ということは明らかだった。水爆開発にあたるサハロフのグループについても、物理学の知識がないベリアは成果をせきたてるだけだった。死の脅迫こそソ連の核開発を成功させた最大要因なのかもしれない。

英国の物理学者フックスのように、ソ連に情報を提供したスパイたちの物語も面白い。彼は、ロスアラモスで米国の原爆開発に協力した人物だが、裁判では友人たちを傷つけたことを反省している。釈放後の晩年、東ドイツの原子核研究所長となるフックスは、果たして自分の人生に納得していたのだろうか。

また、水爆開発において機密漏洩や非協力を疑われたオッペンハイマーが、情報を共有する研究仲間から疎外された人生を、苦い思いとして体験するあたりも興味深い。原水爆をめぐる人間ドラマを描いた科学ドキュメンタリーでもある。

ポストアメリカの世界像

第二次大戦敗北の重みは強烈である。そのせいか、日本が二十世紀の大半をアングロサクソンとの同盟関係で過ごしたことは意外と注目されてこなかった。しかし、日英同盟や日米安保条約は、日本に繁栄と安定をもたらす要因であった。そこから離れたとき、日本の進路は悲劇に向かった。今後も、挫折に向かう可能性が高いのである。同時にそれは、外交や安全保障の面で、日本に様々なトラウマをもたらした。日米関係の新たな可能性を軸に新世紀の世界像を本格的に考えるには、二〇〇〇年末に完結した『**高坂正堯著作集**』（全八巻）を丹念に読み込むべきである。

なかでも第五巻『文明が衰亡するとき』は「現代アメリカの苦悩」とともに、「通商国家日本の運命」を扱っている。高坂は、権力政治とはある程度の付き合いをもっても過度にかかわらないのが最も賢いやり方だと触れていた。しかし、これは下手をすると「偽善」と「狡猾」に陥りやすい危険も見抜いていた。通商国家として成功した国に起きる退廃を予見した指摘こそ、ポストアメリカ時代の日本を構想する上で大きな手掛かりを与えてくれるだろう。

ウィリアム・スターリングほかの『**団塊世代の経済学**』は、二〇一〇年に日米でベビーブーマーや団塊世代が引退して引き起こされる人口構造の大転換に注目している。日欧と比較しながらアメリカの多民族社会構造を論じたシーモア・M・リプセット『**アメリカ例外論**』も一読に値する。

欧米中心史観に異論

歴史学では自国中心主義を克服するのはむずかしかった。しかし、籠谷直人『アジア国際通商秩序と近代日本』のように、華僑や印僑のアジア通商網への日本の依存と対抗を通して、アジアと日本の歴史を統一的にとらえる試みも現れている。籠谷氏の「アジア間貿易」論と同じように、ドイツ人アンドレ・フランクの『リオリエント　アジア時代のグローバル・エコノミー』も、ヨーロッパによる自己中心史観を克服しようとする試みである。

フランクは、近世以降の歴史がヨーロッパ世界システムの拡大でなく、世界史でずっと作用していたグローバルな世界経済によって形成されてきたと考える。グローバリゼーションの動きは、なにも二十世紀末に始まったものではない。世界経済と世界システムはヨーロッパが単一の中心でなく、たぶん中国を頂点として位階状になった複数の中心をもっていたというのだ。

フランクは、周縁の近世ヨーロッパが経済や政治や文化において有効なヘゲモニーを発揮した事実はなく、世界経済が地域的な生産と商業の基盤をもっていたとするなら、それはアジアとくに中国以外にはありえないと強調する。籠谷氏も、アジア通商網それ自体がアジアの工業化を支える「公共財」的な存在だったとさえ述べているほどだ。

また、フランクのいうように、「西洋の勃興」もヨーロッパの自力によるというよりも、世界経済・世界システム上で生じたのであり、輸入代替から輸出代替への（ＮＩＥｓ型の）戦略遂行によって「アジア経済という巨人の肩に上っていった事例」なのかもしれない。ヨーロッパの上昇を可能にしたのは、アジア経済とアジア地域のヘゲモニーの循環的な衰退によるとすれば、イギリスで資本蓄積率が急速に跳ね上がったという定説は誤りということになる。

フランクの議論は、これまで日本人の学者でさえ自明にしていた用語法を再考させる点でも有益であろう。たとえば、「資本主義の誕生」や「西洋の勃興」や「ヨーロッパ世界経済へのアジアの組み込み」といった常套句はもとより、「合理主義」や「文明化の使命」などもヨーロッパ中心主義のミスリーディングな概念になりかねない。

他方フランクは、イスラーム中心の世界システム論やアフリカ中心主義もイデオロギーの域を出ていないと手厳しい。中華朝貢貿易システムやインド洋世界経済論には前向きの評価を寄せているが、それらも全体を組み立てる部分でしかないと決め付けている。

しかし籠谷氏の仕事は、環海の都市間の横断的な空間に近代アジアのダイナミズムを求める仕事であり、領域性を超えた華僑などの活動に着目した点で重要であろう。幕末の開港が欧米だけに向けられたのでなく、華僑が影響力をもつアジアにも向けられたという指摘は、フランクのいう世界経済論にもつながる。

フランクで面白いのは、世界の全体を新たに眺めるために、「三脚椅子の類比」を提案していることだ。生態・経済・技術・政治・軍事パワー、社会・文化・イデオロギーの三脚に均等に重みをかけて考察する。そして、世界的な規模の同期性に着目しながら横に統合したマクロな歴史を構想し、何千年にもわたったアフロ・ユーラシア規模の歴史を循環的に考える点がフランクの特性ということになろう。統一性とともに多様性を受け入れ、多様のなかの統一を評価するフランクの思考は、非公式かつ脱領域的なアジア通商網を明らかにした籠谷氏の多元的な地域理解とも共通する独特なものにちがいない。

〈読む事典〉の魅力

地域紛争、グローバリゼーション、イスラーム原理主義などに限らず、ポスト冷戦期に現れた政治現象は、何らかの形で民族問題と結びついている。一九九五年に出された『**世界民族問題事典**』は、多彩な専門家を結集した「読む事典」としても高く評価された。それから七年たって新たに三十項目を新設し、巻末の増補で百七十項目について最新の動向を紹介している。時代の変動に向きあう編集の姿勢は、まことに良心的であり、新たな利用者のニーズに応えたものといわなくてはならない。

三千二百項目を網羅した新訂増補版では、何といっても、9・11事件以降のテロと「イスラーム原理主義」の動向に関わる項目が注目される。「9・11事件」については、人類学者の執筆にふさわしく、〈種としての人類〉という認識を世界中で共有しない限り、大規模な戦争や残虐な争いが姿を消すことはないだろうと説く。「ウサーマ・ビン・ラーディン」の項では、〈イスラームを防衛するのはイスラーム教徒の義務〉という彼の論理が「ある範囲のイスラーム教徒にアピールすることとなった」とされているが、その「範囲」や「アピール」の内容にも具体的に触れてほしかった。しかし、「アル・カーイダ」の項目では、今後こうした「ネットワーク運動との戦いは、〈情報戦争〉の側面をさらに強めていくであろう」と適切な見通しを示している。

九九年八月にキルギスで起きた日本人拉致事件に関係した「ウズベキスタン・イスラーム運動」については、「アフガニスタンを本拠地としタリバーンの保護を得て活動した」武力組織として、アフガニスタンとの関係が明示的に説明されている。たしかに、アフガニスタンについての項目改訂が多いのは、今回の改訂版の特徴であろう。とくに遠藤義雄氏は、「アフガニスタン」「アフガニスタン・ゲリラ」「アフガニスタン難民」などで大幅な加算をおこない、難民救済と復興事業の重要性を強調している。

たとえば、地方軍閥の群雄割拠状態を克服するには、「首都だけの治安確保でなく、地方の治安改善も検討されねばならず、また復興事業を具体的に展開して、雇用の促進、アフガニスタン経済復活の速度を上げなければならない」(「アフガニスタン」の項)といった具合にである。

昨今の東南アジアへのイスラーム・テロリズムの転移拡大を受けて、「アブ・サヤフ・グループ」の項が新設されたのも新鮮である。まず、「キリスト教徒が大多数のフィリピンで、武力によるイスラーム国家の建設を目指す最も急進的なグループ」と簡潔ながら明快な説明がほどこされる。兵士数は推定二百人、支持者五千人ほどだというのだ。ウサーマやアル・カーイダとの「つながり」にも触れ、目下米比合同軍事演習のターゲットになっていることも過不足なく論じられている。しかし、インドネシアの「ラスカル・ジハード」や「ジェマ・イスラミヤ」など最近話題になるイスラーム組織が扱われてないのは残念である。

「イスラエル」「イラク」「インティファーダ」「チェチェン」「パレスチナ問題」などについても、補筆されているのは当然かもしれない。しかし、「イラク」の項目では、湾岸戦争後の暴動が激しく鎮圧された結果、チグリス・ユーフラテス川下流湿地帯では政府による乾燥化政策によって、生態系に及ぶ被害が出ているなど興味深い記述も見られる。こうした点も、この〈読む事典〉の魅力を増している。

貧困と飢饉

貧困と飢饉ほど憂鬱なものはない。飽食に満ち足りている日本人でも、ある日地球上の食料配分の不条理さにふと気がつくなら愕然とする人も多いだろう。

常識的にいうと、飢饉の原因は、経済全体における食料供給量の減少（FAD）にあると考えられがちである。しかし、ノーベル経済学賞受賞者のアマルティア・センは、FADが起きなくても飢饉が進展することに疑問を抱き、飢饉が食料供給の低下を伴う時でさえ何故に食べ物を得られる集団とそうでない集団が生まれるのかと『貧困と飢饉』で問いかけた。そこで提唱されるのが、経済現象から社会・政治・法律問題に分析を進める権原（法律上の原因）アプローチである。

ある人が食料を自分の自由にする能力は、その社会において所有と使用のルールを定めている権原関係に依存している。たとえば、理容師や靴職人は自分の技能と労働力をもっているが、そのどちらも食べることはできない。かれらは、サービスや製品を売って得た所得で食料を買うのである。何らかの理由から理髪や靴需要が落ち込むと、かれらの食料権原は押し潰されてしまう。つまりセンは、FADアプローチと違って、その経済における食料供給に変化がなくても飢饉が起こりうるというのだ。靴や理髪や賃金の食料に対する相対価格が急激に変化するなら、それぞれの集団の食料権原を飢饉水準以下に落ち込ませることもありうる。

ある人が十分な食料を手に入れて飢饉を避ける能力を持つかどうかを左右するのは、権原関係全体なのであり、食料供給はその権原関係に影響を与える一つの要因にすぎないと、センは主張する。

こうしてみると、センならずとも、この問題では「貧困層」といったカテゴリー区分が単純すぎることに気がつく。小農と土地無し労働者はともに貧しいかもしれないが、通常自ら生産した食料で自給生活もできる小農と、低賃金で食べ物を購入するために価格上昇や食料不足から打撃を受けやすい土地無し労働者との間には、大きな違いがある。これはそれぞれの権原関係の性格が違うからである。

飢饉が猛威を振るっているさなかに、その悲劇に見まわれている国から食料が輸出されるという事実は、不愉快であるにせよ、交換権原関係に基づく選択だと考えると説明がつく。すなわち、市場の需要とは、生き物としてのニュースや心理上の欲求を何ら反映しないからである。

センは、一八四〇年代のアイルランド飢饉このかた、最近では一九七三年のアフリカ・ウォロ飢饉、七四年のバングラデシュ飢饉でも、食料が輸出された事実を紹介している。

ＦＡＤアプローチによる飢饉の原因説明に反対するアマルティア・センの結論は、四つにまとめられるだろう。第一に、権原アプローチこそ、飢饉を分析するための一般的な枠組みを提供することの確認、第二に、飢饉は経済全体の好況時（四三年のベンガル）にも起こるし、不況時（七四年のエチオピア）の場合にも発生すること。第三に、ＦＡＤと、食料への直接的権原の減少とを区別する必要性。「前者は問題となる経済にどれだけ食料があるかに関心を払うのに対し、後者は各食料生産者の手許に彼らが直接消費する権利のある食料生産量がどれだけあるかを問題にする」。第四に、所有権、契約上の義務、合法的な交換などの法的諸関係のメカニズムを理解する重要性。センは、食料供給と食料への権原とを紹介する法の役割を相当に強調している。

もちろん、地域研究の立場から見れば、明らかにＦＡＤが大きな要因だったエチオピア飢饉についてもＦＡＤ以外の要因を重視するなど、理論の明示化のために細部の分析を無視するなどの問題点も多い。また、比較の対象として、インドの州と独立小国家が並べられる点もやや抵抗のあるところだろう。それでも、貧困の諸概念を整理検討したことの意味は大きい。センはこの『貧困と飢饉』によって、貧困層内部の異質性を強調し、貧困計測のあり方を公準として議論する基礎を築いたのである。「セン指標」がそれである。

また、ある人が価値を見出せる様々な状態や行動、適切な栄養状態、健康状態、社会生活への参加や自尊心の維持などを「機能」としてとらえ、達成可能な様々な機能の集まりを「潜在能力」と呼ぶセンの理論を知る上でも、『貧困と飢饉』は恰好の手がかりとなっている。様々な「機能」を達成できる「実質的な自由」こそ「潜在能力」だと考えるセン年来の主張は、貧困と飢饉と自由との相関関係をとらえるなかでも生かされている。日本の良質な読書人がひもとくべき本といってよいだろう。

それにつけても、「飢饉による死とは、その社会で何が合法であるかを極端な形で映し出している」というセンの結語は、あまりにも意味深長な響きを残す言葉ではないだろうか。

グローバリズムへの叛逆

グローバリゼーション（世界化）と呼ばれる現象は、経済の市場原理が世界全体を支配しはじめたことを意味する。同時に、民主主義、市民の自由、人権の保護、環境の保全といった政治的理念が世界で共有されるようになった面を指すことも多い。

小倉和夫氏は、何が世界化あるいは国際化しているのか、必ずしもその主体がはっきりしないところに、反グローバリズムの特徴があると考える。それは、グローバリゼーションの内部矛盾として現れたものだけでなく、主体性や自己の回復として出現するものもあるからだ。また、グローバリゼーションによる同化や均質化がかえって破壊や疎外や排除を産んだことへの反動という場合もあるだろう。

『グローバリズムへの叛逆』における小倉和夫氏の論点で興味深いのは、反グローバリズムが反アメリカニズムや反資本主義の形をとり、ソ連や共産主義の崩壊に伴う二十一世紀の反体制イデオロギーの代替物になったという指摘であろう。もっとも、共産主義運動では行動理念上の主体が階級や国家であったのに、現在の反グローバリズム運動の担い手は「流動的な、容易につかみにくい集団」だという違いも無視できない。したがって、反米・反アメリカニズムとは、アメリカ人への敵意やアメリカ国家への反逆ではない。むしろ、アメリカとその国民が「体現しているものに対する反逆であり、焦点の定まらない、流動的なもの」といってもよい。

反アメリカニズムがテロ行為とたやすく結びつくのは、ほかならぬ反アメリカニズムの焦点が明確でなく、反体制のシンボルとして反アメリカニズムが利用されているからだという指摘は正しいだろう。現在の体制に代わる新たな体制について別の道が見えてこないのも特徴である。アメリカの一極支配を批判するのはたやすいが、市場原理や民主化を拒否して別の代替物を出すことはむずかしいのだ。

国際交流基金理事長の小倉氏は、文化のグローバリゼーションにも触れている。中国でさえ西欧文化やその知的産物の吸収に熱心であり、代替物の提供に消極的な現在、欧米の知的な世界支配に抵抗するのはイスラームの「原理主義者」を除くとあまりにも少ない。標準化され均質化された衣食住の文化、ハリウッド映画、ディズニーランド、ロック音楽など、世界はアメリカ文化の氾濫におおわれている。しかし皮肉なことに、グローバリゼーションは各国による民族的な文化のアイデンティティを模索させるような反動をまきおこした。

他方、グローバリゼーションによる相互依存の深まりによって、第三世界も自らの責任を自覚すべき時代となった。国際社会の権力構造も流動化するのは避けられない。脅威の対象が自明でなくなると、問題や地域によって同盟関係の組み替えも起こってくる。イラク戦争をめぐる独仏の対米留保やアメリカのいう「有志連合」などは、冷戦時代であれば考えられなかった現象であろう。また、国際的な反グローバリズム市民運動の「世界社会フォーラム」がダボスの「世界経済フォーラム」の向こうをはって開かれている。

しかし、自らの運動の制度化や体制化を拒んでいる限り、アメリカの体現する精神に反対する異質の考えを具体的に出せるはずもない。小倉氏は、反発だけでは新たなパラダイムによる国際政治経済の担い手になりそうにもないと言いたいのだろう。『グローバリズムへの叛逆』は、イスラームからフランス、中国・ロシアから日韓にいたるまで幅広く反グローバリズムの個性と特質を扱った書物といえよう。

Ⅲ　歴史と教育

およそ人は幼い時に薫陶を受けなければ、
成長するに及んで幸運は彼から去ろう！
生木は思うがままに曲げることができようが、
乾けば火でなければ矯めることはできまい！

——サアディー『薔薇園』

二十世紀と訣別する歴史学

歴史学という学問は、専門家相手の知の探究作業と、市民向けの知の普及作業の画面をもっている点が特徴である。これは、戦後の高等教育の拡大によって、よきにつけあしきにつけ、歴史学の研究成果が、ジャーナリズムを通して外の世界に広がるようになってから目立つ現象といってもよい。古代史の謎とか中世民衆像の再発見といった啓蒙作業に熱心な歴史研究者がいるのは、歴史学の発展にとって、格別悪いことではない。

しかし、結果として「歴史ブーム」現象がジャーナリズムによる歴史学界への関与を促すことになった点も否定できないだろう。研究者とジャーナリストの相互影響や相互浸透が起きれば、専門的な「純度」を失った歴史学者という職業は、それほど特別に「尊敬」されるものでもなくなる。このあたりが、今でも専門性の高い物理学や数学といった自然科学と違うところなのだろう。

歴史家がこうした点を反省するうえで大いに参考になる書物として、フランスの歴史家ジェラール・ノワリエルの『歴史学の〈危機〉』をあげておきたい。翻訳書は一九九七年末に出されているが、明解な内容を的確に伝えた訳のすばらしさが存外と日本の読者に知られていないのは遺憾である。

一九五〇年生まれのノワリエルは、両大戦間期の製鉄・鉱山労働者に関するテーマで学位をとった社会経済史家であるが、「小状況の歴史学」がアカデミズムのなかに市民権を得た背景と経過を詳しく描いている。フランスでは、これこそが「新しい歴史学」であり、アカデミズム史学の失われた正統性を回復するよすがと考えられたらしい。日本でも似たような関心から、「社会史ブーム」が起きたことは記憶に新しい。アカデミズムによる認知と受けとめた「社会史」研究に着目した二、三の出版社は、日本でも競うようにして、風俗や日常生活にかかわる書物を出したものであった。これは歴史学とジャーナリズムとの相互浸透の新しい波だったというべきかもしれない。しかし、日本では、この壮観ともいうべき風情も、残念ながら数年にしてしぼんでしまった。

ところで、ノワリエルは、フランスの社会史研究をリードした「アナール」誌が一九八八年から八九年くらいにかけて、「批判的転向」と呼ばれる動きを領導したことをうまく説明している。「アナール」誌は、歴史学の細分化現象を、長いこと学問的な専門分化や学際的な研究計画に関与してきた当然の帰結として受けとめてきたが、歴史学という学問カテゴリーそのものが消え去る危険性をまじめに感知したというのだ。つまり、もし歴史学が学際研究にのめりこみ、他分野の提示するトピックを「問題史」的に受けとめるだけなら、「歴史学の大地」には何が残るというのだろうか。そこには「過去を研究する人類学者、経済学者、あるいは社会学者しかいなくなる危険がある」というのが、「アナール」誌の警告だったのである。この危機感から「アナール」誌は、「学問分野的アイデンティティの再確認」を提唱するようになり、「批判的転回」という新たな歴史学の模索を始めるのである。

ところで、ノワリエルの『歴史学の〈危機〉』を読んでいると、ちょうど私がカイロに滞在していたころの七〇年代末に、フランス学界で始まった「新しい歴史学」以降に誕生した「パラダイム」の多さに思わず驚いてしまった。それは、「言語論的転回」、「批判的転回」、「新しい思想史学」、「新しい文化史学」、「新歴史主義」、「哲学的思想史学」、「もう一つの社会史学」、「もう一つの政治史学」、「日常史学」、「もう一つの歴史学」だというのである。私は、七八年にエジプトからフランスに初めて出かけた時にも、こうした趨勢の始まりに興味をもてなかった。ノワリエルの書物で紹介されたパラダイムのなかに、私が初めて聞いた名前も多いことはいうまでもない。それでも、かなりの数がすぐ日本に輸入されているのだから、日本における海外思想の紹介者もずいぶんと熱心というほかない。

ノワリエルが、「これでもまだいくつかを忘れているかもしれないが、その場合にはご容赦願いたい」と皮肉に付け足しているのには、思わず笑ってしまった。ノワリエルによれば、一年いや半年たらずで新たな「パラダイム」が出されたというのだ。モデルやパラダイムが実証研究とは無関係に次から次へ生み出されるのだから、落ち着いて勉強する余裕があろうはずもない。歴史学という学問にとって、自分の存在意義を哲学や社会学など他の分野の言葉で正当づけながら語るのは「業」のようなものであるにせよ、その存在意義を自らの学問の内部から実証的に説明する必要性を無視してはならない。

ノワリエルは、学風が違うのに、『パンと競技場』などを書いたポール・ヴェーヌの仕事をフェアに評価している。日本でも翻訳の多いポール・ヴェーヌは、たいへん特異な歴史家であり、『歴史をどう書くか』など立派な仕事を世に問い続けている。しかも、ヴェーヌは、ミシェル・フーコーを「歴史学の完成体」と呼んだように、フーコーの業績に、哲学と歴史学の内容を変えさせ、両者の境界を曖昧にするか取り去ろうとした特性を見出している。そのうえで、ヴェーヌについて忘れてならないのは、彼が歴史学の〈形式的伝統〉と意識的に手を切ろうとしている点であろう。すなわち、歴史学における伝統的な方法を否定しているのだ。ポール・ヴェーヌは、歴史学を「科学」でなく「真の小説」だと述べたほどである。しかも、「歴史学は説明せず、方法も持たない」とまで言い切っているのである。現代詩人の作品構造を分析した異色作『詩におけるルネ・シャール』の著者ならではの大胆な発言かもしれない（これらの著書は、日本ではいずれも法政大学出版局から出されている）。

「すべてが可能だ」というのが、ヴェーヌの確信のようである。これは、彼もそれなりの「方法」をもっていることを意味する。というのは、歴史家が銘々もつような経験や個人的な哲学こそ、「方法」と見なされるものだと指摘しているからだ。いずれにせよ、だれかによって押しつけられる「規則」でなく、「自然に与えられる意見」こそ、人びとが納得できる仕事の同意に近いというヴェーヌの指摘には掬すべきものが多い。歴史学の知とは、歴史の書き手によって生み出され、読み手としての市民に伝えられる「意見」なのだという指摘も魅力的である。これには、方法や認識の論議ばかり先行して、叙述の可能性を無視してきた日本の戦後歴史学に違和感をもつ私でも、共感する部分が多いのである。

私はフランス文学者の蓮實重彦氏とのあいだで、ジェラール・ノワリエルやポール・ヴェーヌの啓発や挑戦を受けながら、「歴史をどう変えるか」という問題をめぐって議論する機会をもったことがある。詳しくは、**『20世紀との訣別』**を御参照いただければ幸いである。

二十世紀初の歴史家たち

二十世紀初に活躍したベルギーの中世史研究者アンリ・ピレンヌは、「良き歴史家の仕事は正しい問いかけを行うことだ」と述べたことがある。これは、フランスの社会史研究の創始者リュシアン・フェーヴルによる「問題なくして歴史なし」という言だけでなく、わが幸田成友の指摘を思いおこさせる。「歴史の話は興味本位で押通すことは出来ない。興味ある一つの事実を述べる前に、その事実に達するまでの経路を述べねばならず、またその興味ある事実の後始末も付けねばならぬ」。文豪露伴の弟にして日欧関係史や日本経済史の先駆者の発言は、歴史学が研究にふさわしい問題を正しく発見し、手続きを踏んで事実を解明する学問であることを示している。

その意味でも、戦争と革命の変動にあけくれた二十世紀を歴史学によって総括するよすがとして、世界と日本の歴史家とその学説を通して考えるのは有効な一手法といえよう。この四巻本**『20世紀**

の歴史家たち』は、日本編で四十名、世界編で五十四名の歴史家を扱っている。日本編だけをとっても、マルクス主義の立場から『日本資本主義発達史』を著した野呂栄太郎から、皇国史観の泰斗、平泉澄にいたるまで、日本史の舞台に少なからぬ痕跡を残した人物を含めて、広い範囲から歴史家を選んでいる。しかも、『中世に於ける社寺と社会との関係』を著した平泉澄に対するマルクス主義の批判についても、双方が「特定の政治的立場に密着する歴史学という点では全く軌を一にしている」といった解釈なども見受けられる。

また、世界編（上）のあとがきは、今世紀の歴史学で「屈指の特質」は史的唯物論という「妖怪」が徘徊した点だと明言する。実際、野呂栄太郎の項の著者は、野呂を批判的に書いた時に周囲から黙殺され「重苦しい雰囲気に包まれた」情景を回顧している。「戦前の左翼のイデオロギーは大変なものであった」というように、どの歴史家にも、発言や研究を大きく特徴づける時代状況というものがあったのだ。編者の樺山紘一氏が、二十世紀の歴史家は変動する世界の波にもてあそばれ、歴史を描写しうる至福と政治に左右される受難が「背腹一体」だったというのは正当であろう。

とくに歴史家は、古代史や中世史の研究で学問対象としてきた戦争に現実に直面して、自らも参加者あるいは犠牲者たらざるをえなかった。とくに第二次大戦は、「すぐれた歴史家に死をもたらしていった」（木畑洋一氏）といえよう。興味深いのは、戦争に対する態度が保守・進歩の専門性と関係のない点であろう。革命史研究者であれば、戦争や占領に抵抗したというわけではないのだ。フランスのアナール派の総師マルク・ブロックは、ナチスに対するレジスタンスで命を落としたのに、僚友のリュシアン・フェーヴルは戦争中も学問に専念する。戦後の安全地帯でフェーヴルがマルク・ブロックの死を繰り返し悼むあたりは、やや偽善の臭いがするのに、フランス史研究者はあまり不思議に思わないらしい。

一番印象深いのは、一見すると抵抗や革命に縁のなさそうな地味なフランス人歴史家に骨太な人間がいたことだ。日仏会館長だったアンリ・マスペロは、道教や中国古代史の研究で知られるが、パリ解放の直前にドイツ当局に逮捕され収容所で死んでしまう。息子も彼自身もレジスタンスに関わっていたからだ。また、中国古代社会と宗教の専門家マルセル・グラネもドイツの侵入に対して、「憤激の念にかられ、ついに死亡した」とされる。『地中海』の著者フェルナン・ブローデルも大戦劈頭《へきとう》に戦闘員として捕虜になるが、かれらに共通するのは愛国心と市民的義務への献身であろう。日本でも、アジア史研究の宮崎市定は旧制高校教授や帝大助教授でありながら、軍籍をもち二回ほど召集を受け陸軍将校として従軍した。綿密な実証力とバランス感覚に富む宮崎には、軍国主義者とは違う市民的義務感と健全な愛国心が潜んでいたのであろうか。日本人の歴史家として特異な宮崎の個性は、知識人の一類型として今後とりあげられるべきだろう。

英国の歴史家になると、政策や外交に関わる者が多い。『歴史とは何か』のE・H・カーは外務省に入ってラトヴィアでロシアを分析するが、これは大著『ソビエト・ロシア史』の執筆に結びつく。『歴史の研究』のアーノルド・トインビーは、第一次大戦中に陸軍省政治情報局で中央分析に従事した。二人ともパリ講和会議に参加した。

また、中東イスラーム研究のハミルトン・ギブは、第二次大戦中にトインビーの王立国際問題研究所で中東政策についての提言をまとめた。これと比べるなら、日本の歴史家は学問と社会的要請との関係、政策批判や提言について慎重すぎるきらいがある。歴史家の人物評のみならず、個性を通して二十世紀をふりかえる試みとしても有益な書物である。

ユニークな歴史入門

『一冊でわかる歴史』の著者ジョン・アーノルドによれば、「歴史」の概説書を書こうとすれば、その方向性には三つあるという。その一つは、実際の作業についての「ハウツー本」を書くことだ。二つめは、「歴史」の分野の知識を哲学的に検証した本である。三つめは、特定の立場にたって議論する本の執筆である。アーノルドの本は、これらの要素を少しずつ取りいれているが、フランス中世史家らしく、カタリ派やイタリア・ルネサンスなどを素材に使った部分を中心に、簡潔ながら鋭利な指摘が随所に見られる。「熱意から生まれ出た」と自負するだけにユニークな歴史入門書たることは間違いない。

アーノルドは、一三〇一年のカタリ派残党による異端審問官殺人事件の謎の解明から叙述を始める。殺人の動機、異端審問、収監などの物語は、たしかに「ひそやかな悪事をめぐる魅力的なエピソード」にほかならない。これこそが「歴史」であり、遠い昔に起こり、現在ふたたび語られる「真実の物語」なのだと彼は主張する。歴史学者なら、この事件をいかなる文脈で研究するのだろうか。異端の歴史、カタリ派の歴史、犯罪史一般、事件の起きたラングドックの地方史など様々であろう。また、細部に拘泥《こうでい》して地理、農業、建築、暦の問題に着目する人もいるはずだ。しかし、アーノルドのあげた視角とは別の関心から取りあげる学者や後世の人士もいるにちがいない。歴史家は、「みずからの関心、道徳、倫理、さまざまな信念、世界の働きや人びとがある行為をなす理由をめぐる自分自身の考え方にしばられている」からだ。

それでは、歴史家と作家との違いはどこにあるのか。作家は、事件や人物を「創造する」こともできるが、歴史家は史料によって「束縛」されている。しかし、歴史家も史料の扱いと提示と説明にあたって「想像力」を用いなくてはならない。この点で、歴史とは「物語」ともいえる。歴史がひとつの「解釈」であり、「事実」を広いコンテクストあるいは語りの中に位置づけるからだというのだ。他方、現代の歴史家と一般読者層とのへだたりについても率直に〈自己反省〉している点は共感できる。学術雑誌や研究書は、通常五〇〇人以下の読者を相手にするにすぎない。「あらゆる読者にとって重要で、関心を引きつけるはずのことの多くは、専門家のギルド特有の「人を寄せつけない覆い」で隠されてしまう。また、「専門家」であることを口実に、現在と過去から、オリュンポスの神々のごとく超然とし客観的な評価を下せると妙な自信をもたせることにもなった。「専門家」であることは「公平」であることを意味せず、「仕事に対して報酬を受けている」という事実だけを意味すると手厳しい。しかし遺憾ながら、「歴史」は専門分化の結果もあって、もはやただひとつの「真実の物語にはなりえない」という指摘も怜悧《れいり》ながら真実をついている。

黒人女性指導者の演説内容から歴史における「感覚と意味」の問題をさぐり、フランス近世の「猫殺し」に「嘲笑を通じての反乱」にひそむ市民的な心性を求めるなど、歴史に接近する手がかりが多く示されている。ただし、射程が西欧に限られているのは感心しない。日本や中国はもちろん、ヨーロッパと不可分に文明を形成してきたイスラームさえ登場しないのだ。ロシアやアンダルシアなど外への広がりにも配慮していれば、読者にもっと「楽しみ」を与えてくれたであろう。いや、これは三十代新進の英国の歴史家に期待する仕事ではないかもしれない。むしろ、欧米やイスラームを意識しながら日本や中国をも扱う作業は、日本人こそ積極的に取り組むべき課題というべきであろう。

歴史とはなにか

久しぶりに「歴史とはなにか」について語る本が出された。岡田英弘『歴史とはなにか』である。歴史とは、時間と空間に沿いながら一個人の体験を超えて、人間の住む世界を把握する営みである。このように歴史を定義した岡田氏は、歴史を成り立たせる四つの要素として、文化として直進する時間の観念、暦など時間を管理する技術、文字で記録をとる技法、時間と時間との間に因果関係があるという感覚をあげている。

面白いのは、「歴史のない文明」「歴史のある文明」という考え方である。とくにインド文明はもともと歴史をもたないというのだ。それは、インドに特有の転生（魂の生まれ変わり）の思想と関連がある。天や阿修羅や人間など「六道」の衆生が転生するサイクルつまり「輪廻」の思想では、前世が原因、今生が結果、さらに今生が原因、来世が結果とされるので、人間界の出来事だけを記録してみても、因果関係を十分に理解したことにならないからだ。

イスラームも一瞬一瞬が神の創造にかかっている以上、歴史のない文明のはずだが、歴史のある文明の地中海文明と対抗する上で歴史をもったというのだ。岡田氏は、その理由を歴史が「自分の立場を正当化する武器として威力を発揮する」とイスラーム文明が考えたからだとする。またアメリカ文明では、ヨーロッパと違って歴史が意味をもたないというのもユニークな考えであるが、個人の意志と憲法によって「アメリカ人」になれるという信念は確かに世界史上他に類を見ないだろう。ヘロドトスと司馬遷に象徴されるように、中国文明と地中海文明がともに自前の歴史を生んだというのは、かなりの説得力をもっている。

しかも、それぞれにある歪みが生まれたのも事実なのだ。中国では天命を強調した『史記』の業績をなぞるあまり、その後の正史は、天下に変化があっても記録せず天命を受けた皇帝の支配をそのまま叙述することを仕事とした。そこで中国の歴史には発展がないかのような誤解を受けることになったのである。他方、地中海文明の歴史は、ヘロドトスの『ヒストリアイ』がヨーロッパとアジアを「永遠に対立する二つの勢力」と考え『ヨハネの黙示録』がサタンの軍勢と主の軍勢の対決を強調したように、さながらアジアをサタン陣営、ヨーロッパを主の陣営と同一視する歴史観をもたらした。

この極致は、十字軍の事例に限らない。ヨーロッパがアジアを征服するのを正義の実現であるかのように理解する歴史観は、二十世紀末のフランシス・フクヤマやハンチントンなどにも痕跡を留めているのであり、岡田氏の見方はそれなりに鋭いのである。

岡田英弘氏は、歴史を物語や文学であっても、科学ではないと断言する。科学は実験できるが歴史は一回しか起こらないからだ。科学では粒子の違いが無視され法則こそ問題にされるが、歴史では一人一人がみんな違うのである。記述する人、読む人はみな個性をもっているのだ。歴史には「良い歴史」と「悪い歴史」があるというのも岡田氏独自の表現である。歴史は法廷でない以上、道徳や功利にもとづく価値判断とは関係がない。歴史家がめざすのは、「真実」それも「歴史的真実」である。「よい歴史」とは「史料のあらゆる情報を、一貫した論理で解釈できる説明」だというのは正しい。

人や国にはそれぞれの立場がある以上、「よい歴史」が他人や他国に歓迎されるとは限らないとは、まさに現代的な指摘であり、今後の論議の深まりを期待しておきたい。

アイザイア・バーリン

アイザイア・バーリンには三つの顔がある。二十世紀の最も歴史感覚の鋭い自由主義哲学者であり、いちばん哲学的な思想史家でもあった。また、自分の思想のイメージに合う教育機関をつくれた唯一の行政的哲学者でもある。自由とは何かを語った哲学者は、ヴィーコやヘルダーやツルゲーネフの歴史的研究にも成果をあげただけではなく、オックスフォード大学にコスモポリタンなウルフソン・カレッジを新設するのに成功したものだ。バーリンの薫陶を受けた『アイザイア・バーリン』の著者マイケル・イグナティエフは、「あれほど多くの恐怖を通過して、なおこのように平和に幸せに生きることができた」とバーリンの語る生涯を、人びとの生き方を想像できる能力、悲劇的な選択や内面の衝突に苦しめられた人間への共感などを軸に多面的に描いている。

ロシア革命によってラトヴィアから英国に亡命した材木業者の一人息子は、彼に職業と安住の地を与えた英国人に愛され、豊かな社交性と人脈によって、冷静沈着な性格とリベラリズムを磨き上げていった。ロシア語を流暢に話すだけでなく、ロシア人の思考方法を身につけたバーリンの才能は、第二次大戦後に訪れたモスクワで映画監督のエイゼンシュテインや作家のパステルナークとの親交を深める武器にもなる。「勝利に満ちたロシア語の化身」たる詩人アフマートヴァへのスリリングな接近は、男女の危険な対話とともに魅力にあふれている。歴史的ビジョンのゆえにトルストイを理想化し、繊細さと皮肉をもつツルゲーネフを評価するバーリンと、ドストエフスキーの内的状況の激しい描写にひかれるアフマートヴァとの間には、限りなく親密に内心を吐露し合う関係が生まれた。

ユダヤ教は、ロシアの思想と英国の経験主義とともに、バーリンの人格と思想を一つに編みこむ大きな要素であった。彼はシオニストであったが、品位と寛容性のあふれるユダヤ人として、テロや暴力でパレスチナ人の権利を否定する過激派に一貫して背を向けた。英国の目と比喩のフィルターを通してパレスチナを見ようとしたのである。この点で彼は、イスラエルの初代大統領となるワイズマンに近く、完全に独立したユダヤ人国家を構想した最初の首相ベングリオンとは立場を異にした。バーリンは、ユダヤ人として二重の忠誠心に悩んだことがないと述べている。しかし、これは正しくない。イグナティエフもいうように、敏捷さとユーモアで対処できず忠誠心の選択を迫られたときに、バーリンは英国政府に対する忠誠よりもユダヤ人としての立場を重視したからだ。

第二次大戦中、ワシントンの英国大使館に勤務していたときにバーリンは、米英首脳がシオニストの煽動を非難しパレスチナ問題を連合軍の勝利後まで据え置くことを主張する共同声明を出す気配を察知した。すると、バーリンは情報をシオニスト紙にリークし、両首脳の声明をつぶしてしまった。いったい、これで英国の国民と政府に対して忠実な外交官といえるのであろうか。実際に、バーリンは機密漏洩が発覚しないかと冷や汗をかき眠れぬ夜を何度も過ごした。しかし、バーリンは、ホロコーストやソ連のユダヤ人迫害という罪なき人間の命の理不尽な破壊や不合理な殺人に直面して、自分の陰鬱な行動を懐疑と理性に基づく思想への誠実なあかしとして正当化できると考えたのかもしれない。そのうえ、バーリンは、尊敬するアインシュタインがシオニストとコスモポリタンという二つの立場を調和させたように、シオニズムと国際主義を両立できると信じたのであろう。

イグナティエフは、バーリンとイスラエルとの関係を丹念にたどった。それによって、バーリンがパレスチナ人との共存を最初から重視し、ユダヤ人過激派のテロリズムを拒否する穏健派だった事実を見せてくれた。E・H・カーと違ってバーリンは、歴史における「敗者」の疑問が「勝者」の答えと同じく意味があると考え、パレスチナ人に土地を譲りエルサレムへの権利を認めながら二国家を共存させる解決策を求めた。その主張は、道徳的多元主義とリベラルな自由の強調と不可分だったと考えるべきだろう。イスラームとユダヤ教の倫理的世界観は同じ政治空間でいかに共存するのであろうか。これを考えることは中東和平の核心でもある。パレスチナ人との妥協と調和を求める「ピースナウ」の運動を支持したバーリンに、二つの偉大な文明の共存を可能にする条件を尋ねたくもなるが、もはや叶わぬ夢となった。

自由と民族解放は同じではない。民族の独立を獲得した人びとやエリートは残酷に自由を抑圧した。この幻滅は、中東からアフリカにかけて現在でも見られる現象である。重大な選択にはすべて損失が伴うものなのだ。自由は、正義でも公平でもない。平等や幸福を達成するわけでもない。しかし、常識的な普通人が自然に生きられる最大の拠り所として、自由の意味を明らかにしたバーリンの功績は大きい。彼は、多くのことを知っている狐ではなく、一つの大きなことを知っているハリネズミだったのかもしれない。

歴史家の三つのタイプ

ミシェル・ド・モンテーニュの随想録『エセー』のなかでも、「さまざまの書物について」という文章は、本の読み方や文筆家の人物月旦について率直に吐露した文章として知られている。

最近、宮下志朗氏の編訳による『**モンテーニュ　エセー抄**』が世に出た。氏は、モンテーニュ達意の随筆を、明澄なばかりでなく、知性に溢れた日本語に移し換えることに成功している。

あらためて感じたのは、モンテーニュが本当にカエサル贔屓《びいき》だった、という単純な事実である。彼はカエサルを学ぶのは、歴史を知るだけでなく、当人を知るためにも必要だと率直に語る。このあたりはまだ月並みな感想にすぎない。しかしカエサルは、サルティウスを含めて「あらゆる歴史家をしのぐ」だけでなく、おそらくキケロさえ凌駕する澄み切った文章と、比類なき優雅さを持ち合わせたと指摘する段になると、モンテーニュが心底カエサルを敬愛していた内面を後世にも伝えてくれるのだ。

ちなみに、この激賞は、キケロがカエサルを評価した表現とほぼ等しいのである。カエサルに文句をつけるとしたら、自分について語る手間を出し惜しみしたことではなかろうか。歴史家にして歴史をつくった人物でもあるのに、と本当に遺憾という口ぶりなのである。モンテーニュは、歴史家カエサルに魅せられたことからも分かるように、思いのほか歴史が好きなようだ。まるで良質な歴史書を読むのが本当に楽しいといった塩梅《あんばい》なのである。

さて次に歴史家は、テニスでいえば、フォアハンドにくるボールといったところ——楽しくて、すらすら読めてしまう。しかもそこには、わたしが知りたいと思っている人間存在のありさまが、なににもまして、あますところなく生き生きと現れている。人間の内面の多様性や真実の、あらましや詳細はいうにおよばず、人間をかたちづくっている、さまざまな要素や、人間をおびやかす、さまざまなできごとが描かれている。

してみると、モンテーニュは歴史家という職業に寛大そうに思えてくる。しかし、なかなかに実情はそう簡単ではないのだ。

彼は、歴史家のタイプを三つに分けながら、かなり辛辣な論評を加えている。「わたしは、きわめて単純な歴史家か、さもなければ、卓越した歴史家を好んでいる」。単純な歴史家は、「歴史に自前のものを付け加える力量もないから、自分が知りえたことがらをすべて寄せ集めて、それを選別することなく、誠実に記録することに精魂をかたむける」という。そして、「真実の認識については、その判断を読者にゆだねている」。

それでも、このタイプの歴史家は、かたちの定まっていない歴史の素材を裸のままで提供してくれるぶんだけありがたいのだ。読者は、それぞれの理解に応じて、この素材を自由に活用できるからである。

それでは、「きわめて卓越した歴史家」ならどうであろうか。モンテーニュは、彼らは「知る価値のあることを選ぶ能力があるから、ふたつの報告から、より信憑性のあるものを選ぶことができる」と言う。王侯の状況や気質を知っているから、意図について結論を引き出して、彼らにふさわしい言葉を発させることもできる。優れた歴史家は、その権威を用いて、自分の意見によってわれわれの意見を左右しようとするのも当然なのである。

すると、両者の中間にある平凡な歴史家はどうなのか。「すべてをだいなしにしてしまう」。これがモンテーニュの結論である。彼らは、読者を考えて叙述をわざわざ噛み砕こうとするが、自分勝手な判断をするあまり、「歴史を好きなようにねじ曲げてしまうのだ」。本来、知るに値する事柄を選ぼうとしながら、教訓になるはずの言葉や行為を隠すことになってしまう。要するに、自分が理解できないことは信じがたいという理由から、省いてしまうのである。

修辞や議論に凝るのは構わない。ただし、こちらが判断を下す余地を残してほしいと、モンテーニュは次のように厳しく苦言を呈するのである。「素材を、勝手に短くしたり、選別したりして、変更やアレンジなどせずに、そのままの大きさで、まるごとそっくり、こちらにひきわたしてほしいのである」。

どうして、こういった事態が起きるのだろうか。それは、歴史家という仕事は語り口が上手であれば務まるところがあり、「たいていは、ふつうの人々のなかから選ばれてくる」現実と無関係ではない。要するに、月並みの頭脳と凡愚の才の持ち主でも務まると言いたいのだろう。

モンテーニュは、彼らの特性に関連して、「まるで、歴史書で文法を習うみたいなもの」と厳しく表現している。歴史家はこうした仕事のために雇われ、「ひたすらおしゃべりを売りものにしている」だけなのだ。おしゃべりに気を配ればよい、と手厳しいのである。

それにしても、歴史家とは「美辞麗句をふんだんに使って、街角で集めてきたうわさを、みごとな織物に仕立てるといった具合」なのだとまで指摘されると、フランス人ならぬ現代東洋の歴史家たちも、いやそうでもないと、半畳《はんじょう》を入れたくなろうというものだ。

それでは、歴史を書く適格者とはどういう人か、という問題になる。これについて、モンテーニュの指摘には少しも妥協の響きがない。「りっぱな歴史は、そのできごとをみずから指揮した人とか、それになんらかの役割をはたした人、あるいは少なくとも、同じようなできごとを指揮する機会をもてた人が綴ったものに限る」。

それはかつて、ギリシア人やローマ人が書いた作品だと言っているあたりを見ると、カエサルやキケロといった現実政治に名を残した政治家でもなければ、歴史を書く資格がないと考えていた形跡さえあるのだ。「知識と偉大さがひとりの人間のなかに同居していた」と語るとき、どこかに、古代の文筆家に対する憧憬と、ノスタルジアさえ感じてしまうのだ。

歴史を書く人は偉人だと考えるモンテーニュにとって、偉人について書かれた伝記のジャンルを高く評価するのは、当然すぎるくらいなのである。実際に、伝記こそ自分にぴったりくると書いている。それは、伝記を書く人が、「できごとよりも、その動機に、つまり外側に出てくるものよりも、内側から出てくるものを時間をかけて描くから」だというのだ。

こうしてみると、プルタルスこそ「歴史家のなかの歴史家」というモンテーニュの指摘は当然なのかもしれない。また、『ギリシア哲学者列伝』を書いたディオゲネス・ラエルティオスの人物列伝が、「あと一ダースほどあればいいのに」という感慨も、真剣味を帯びている。

混迷する現代を避けながら、モンテーニュが指し示す古典を、ゆっくりと休みの日に読みたくなった。やはり、『エセー』は当人も自負するように、「誠実な書物」なのかもしれない。

十九世紀フランスの政治家にして歴史家のギゾーは、「強者が弱者を呑みこむ」と述べたことがある。新教徒で自由主義者だった彼は、もちろん騎士道精神の担い手ではなかった。それにしても、七月王政下に首相となったギゾーは、ブルジョアの知的代弁者とはいえ、敗者たる貴族階級に随分と残酷な表現を使ったものである。もっと冷酷で容赦のなかったのは、ギゾーの労働者階級に対する態度であった。いったいにギゾーは、当時のヨーロッパの歴史学を支配した傾向、すなわち歴史の現象をすべて個人の自覚的な活動に帰する見方に鋭く反発したせいか、歴史と人物との関係について考えを深めることがなかった。こうした態度は、主著ともいうべき『イギリス革命史』、『ヨーロッパ文明史』、『フランス文明史』のすべてに貫かれている。

しかし、二月革命と労働者の力によって権力の座を追われた敗者ギゾーは、「強者が弱者を呑みこむ。強者にはそうする権利がある」という自らの発言に納得して祖国を去ったのであろうか。

さて、プレハーノフの『歴史における個人の役割』を引き合いに出さずとも、歴史の探求においては、社会条件と個人の才能との因果関係を考えることも重要である。日本でも一九一六（大正五）年に『**歴史と人物**』を公刊した三浦周行は、「人物に対する研究は冷静にすべし、同時に同情を失ってはならぬ」と語っている。もちろん、「同情」とは「思い遣り」であって「贔屓」とは違うというのだ。三浦は、京都帝国大学の日本史研究の基礎を固めた教授である。しかし、アカデミシャンとして、「いかなる場合にも歴史家に同情がなければ冷酷になり、冷酷であっては真相が知られぬものと信ずる」と述べたのはかなり公平というべきだろう。歴史家に必要なのは、対象把握におけるバランス感覚である。

今でも、日本に限らずどの国でも外国史研究者のなかにさえ、とかく平衡感覚を失する者が少なくない。対象への「同情」が勝ちすぎ、思い入れが強くなるあまり、現代ならざる歴史の研究で得られる知見をそのまま現状分析へ無媒介に応用する者を時として見かける。中国文化大革命や湾岸戦争など、世界のみならず日本の歴史にとっても決定的な転回の機に、日本の進路を危くしかねない「贔屓」の言が現れたのは記憶に新しい。

「歴史と人物」の関係に話を戻すと、時代が歴史的人物をつくったと指摘する三浦の見解は、歴史における事件や個人が重要なのは、制度や経済条件発展のしるしや象徴としてだけ重要だと考えるフランスの実証史学者ガブリエル・モノーらとそうかけ離れているわけではない。しかし、この同時代人二人のうち、三浦周行のほうには、「道徳的批判」と「科学的批判」を分けながらも、そのエスプリを巧みに融合させようとする関心が強かった。

「複雑なる社会人事に処し来った人物になると、その性格は決して単純ではなく、異常の人ほど多角形的であって、凡俗の眼では端倪すべからざるものがある」。三浦周行は、その一例として菅原道真と藤原時平を挙げる。「道徳的批判」では「菅公はえらい人」かもしれない、そして時平は「悪くてたまらぬという感じを与える」が、「科学的批判」からすればそうしたものでもない。道真は自ら門閥の反感をあおって、進んで禍を招いたきらいもあるのに、時平は「学問を好み先輩を敬い、一身を犠牲にして奢侈の風を遏《とど》めたという美徳も善行もあった」というのである。

明治大正時代の歴史観としては、なかなかに思い切った指摘であろう(『新編・歴史と人物』)。

三浦は、偉人の出る政治上の時機が「皇威の陵替に際してその復興を図るということをその運動の目的としてものの多い」事実に着目する。現代からすれば、この政治史的視角の妥当性については、当然、疑義が寄せられるに違いない。

しかし、社会上の時機を「あたかも旧人物に依って来した社会の沈殿を破って、社会階級の組替えを行なうべき時期」だったと考えるのは、今でも正しい理解と表現だといわねばならない。三浦は、道徳家の目から見て偉い人が欲しいというのであれば、初めから「小説的架空の事実を拵えて話材とするが一番よい」と語っている。

小説家や戯曲家の仕事では人物が偉くなればなるほど実在の存在から遠ざかるというのは、本質的には正しい指摘である。しかし、最近の日本の文学や評論には、歴史の本質を穿つ仕事も現れている。歴史家も歴史解釈を独占するギルドに安住してはいられないのではないか。一九九九年に出した『納得しなかった男』のなかで、人物を中心にすえた歴史解釈を試みた私としても、人ごとではない。

三浦周行には、現在でいう社会史研究の先駆的な作品ともいうべき『国史上の社会問題』という仕事もあるが、そこでも人物論と事件の社会史的解釈を巧みに結びつけた箇所に出会う。たとえば、鎌倉で筑後権守俊兼が美服を着て出仕したとき、源頼朝がいきなり同人の刀を取って小袖の褄を切り、「汝は才幹あるに似合わず、何で倹約をせぬのか」といきまいた逸話である。頼朝によれば、俊兼よりも無学で所領も少ない御家人たちが質素な衣服を用い、よき郎等を抱えて奉仕に努めているのに、俊兼が財産の減るのをいとわずに贅沢をするのは過分だというのだ。

ここから三浦は、次のような解釈を導く。「倹約をすればこそ余裕もでき、家子・郎等をも沢山扶持して、主君の御役に立つことができるというもの、さてこそ頼朝の倹約奨励も、一つは御家人の保護のためであるとはいえ、また幕府の自衛上から割り出されたものであった」。為政者の心構えを示した逸話だというのであろう。

為政者といえば、三浦はいわゆる偉人や英雄が出る時期についても、『歴史と人物』のなかでいくつかの条件をあげている。なかでも、時局の行き詰まったときや、旧勢力の力ではもはや解決できなくなったときに、もっとも新時代の型にはまった人物が出現するというのである。たとえば、少しもとらわれない見地に立って思い切った仕事のできる人こそ、その理想型なのだ。

もっとも三浦は、その人物が現れるまでに前人がすでにある程度まで準備をすませ、荒ごなしの行動をしており、先駆者として犠牲を払った人物がいることの指摘も忘れてはいない。これらの条件については、洋の東西を問わずにまず当てはまるといってよい。

二十一世紀の開幕を迎えた現在、日本では政治と経済の両面において閉塞感がつのる一方である。三浦の言う偉人や英雄ならずとも、知恵と決断力に富む政治家が出でて、この難局を打開してほしいと願うのは、私だけではあるまい。

岐路に立つ歴史家たち

歴史の研究者は、時代状況と専門の性格によって、生命さえ危険になることもある。たとえば、戦前の日本や現代のイラクにおいて、体制批判につながる古代史や現代史の研究が自由だったことはない。それどころか、中世や近世といった時代についてさえ、イデオロギーの束縛が伴う場合もあった。帝政時代からソビエト時代にいたるロシアの歴史家の受難は、学問と政治、実証とイデオロギーとの間にひそむ緊張関係をドラマチックに示している。

革命前後のロシアの歴史学に大きな影響を与えたのは、クリュチェフスキーであった。「国史」としてのロシア史を体系化し、言葉の明晰さ、比較と形容の確かさによって芸術の香りさえただよった講義は、多くの学生と知識人を魅了した。ロシア人たちは、彼によって初めて「自分たちの歴史的自画像」をもつことになったのだ。しかし、革命後にマルクス主義史学を導入した人びとは、クリュチェフスキーの学問と彼に連なる歴史家を厳しく批判した。

その弟子のなかには、プラハに亡命した者もいる。また、シベリアなどに流刑される憂き目にあった者さえいた。マルクス主義歴史家の総師ポクロフスキーによれば、革命前の歴史学者の九割は「学問の墓場」行きであり、「歴史とは過去に押し倒された政治である」からだった。しかし、弾圧にさらされても、最近のスウェーデン人歴史家が述べているように、三〇年代のソビエト歴史学に目ざましい成果が見られた点も忘れるべきではない。

土肥恒之氏が『岐路に立つ歴史家たち』で紹介する例でも印象的なのは、十七、十八世紀史研究者のゴーチエである。モスクワ大学を追われ流刑の辛酸を嘗めたゴーチエは、小さな学校で十人足らずの学生が「すぐに十七世紀の雰囲気にはまり込み、われわれの遠い祖先の声を聞いた」と感動させるような講義をした。まったくメモをもたずに、まるで自分がその場からやってきたかのように歴史を再現したのである。学問水準の高さは、大戦中にアカデミー正会員として物故するゴーチエに限らない。その弟子ノヴォセリスキーも反マルクス主義者として批判されながらも、政府最高の賞たるレーニン賞を受けるほどであった。

しかし、その程度の受難はまだ幸運であった。その同僚のチェレープニンなどは、三年間も採石場で強制労働に従事させられたからだ。もちろん、歴史家も人間である以上、世に認められたいという名誉欲から完全に自由ではいられない。土肥氏は、革命運動史研究を切り開いたネーチキナ女史に教授になりたいという「虚栄心」があったという説を紹介している。それでもネーチキナは、しばらく党員ではなかったし、「テーマの新しさと研究の無さは私を恐れさせず、勉強は真面目で不正のないものでした」と、政治的な批判に反論する学者の気骨をもっていた。

『岐路に立つ歴史家たち』は、ソ連解体と革命の再評価をめぐって日本で出現した書物のなかでいちばん地味に見えながら、かなりの説得力に富む内容にあふれている。

それは、優秀だが地味な学者が実践やイデオロギーに関わりきれなかったソビエト時代の先達の苦悩と試行錯誤を誠実に自己同化できる視座をもっているからであろう。「ただ理不尽ともいえる厳しい状況のもとでロシアの歴史家たちの真摯な学問的な営みを、たとえその一部なりとも記しておきたかったのである」と土肥恒之氏は語る。その控えめな意図は、感動とともに十二分に達成されたといってよいだろう。

ヒトラーとスターリン

一九三九年八月二十三日、モスクワの空港に、槌《つち》と鋤《すき》のソビエト国旗と並んで鉤十字《かぎじゅうじ》のナチス・ドイツ国旗が翻った。リッベントロップ外相が到着すると、赤軍軍楽隊は「万国に冠たるドイツ」ついで「インターナショナル」を演奏してファシズム国家からの賓客を迎えた。

それからまもなく独ソ不可侵条約が結ばれたのである。その附属秘密議定書は、ポーランドの分割支配、ソ連によるラトビィア、エストニア、ベッサラビアの支配容認、東欧の勢力圏分割を定めていた。条約締結を聞いたソ連亡命中のドイツ共産党幹部は、これを「悪魔の契約」と呼び、ドイツの陸軍参謀長も「悪魔祓いをするために悪魔と契約」と日記に書きこんだ。ヒトラーはこれで世界を掌中に収めたと信じ、スターリンは自分こそファシストを出し抜いたと確信したものである。

リードとフィッシャーの『ヒトラーとスターリン』は、独ソ不可侵条約締結の前夜から独ソ戦勃発にいたる二人の独裁者の息づまるような駆け引き、日本も巻き込まれた複雑な国際政治の力学を明らかにしている。読めば読むほど、スターリン体制とヒトラー独裁の無慈悲かつ冷酷な性格の共通性に改めて驚かされる。ポーランドを分割占領した両国の秘密警察は、申し合わせたかのように、政治家、知識人、聖職者、地主と実業家、軍人などポーランド社会の指導層を容赦なく根絶しようとした。もし違いがあるとすれば、ソ連においては不幸な自国民にも同様な扱いをした点であろう。

しかし、独裁者たちでも思いの通りにならなかった事例もある。ソ連にとってフィンランドが冬戦争（三九年から四〇年）で示した抵抗は予想外の事態であった。その愛国心と勇敢な抵抗は感動に値する。「白衣で偽装し、スキーに乗って幽霊のように音もなく森のなかから現れ、スキー訓練も受けておらず、偽装の用意もないロシア軍をなぎ倒した」。

ドイツ陸軍参謀本部は、冬戦争の緒戦における赤軍の敗因とその能力の査定をおこなった。そこには、組織、装備、指導力は「不十分」、指導者は「若輩、経験不足」、通信機械も輸送力も「不可」であり、大規模戦闘における部隊の能力は「疑問」とあった。この報告は、ヒトラーの聞きたかった結論であり、やがて独ソ戦を決意する一要因となったのである。冬戦争の無惨な結果は、事前の赤軍将官たちの大粛清を思えば当然であろう。

しかも、二人の独裁者は自分の聞きたくない情報を無視する点でもよく似ていた。スパイのゾルゲは、ノモンハンの日ソ戦や独ソ戦の勃発について東京でせっせと情報を集めていたが、その貴重な警告をスターリンが重視した形跡はどこにもない。それどころか、東京から報告を受けたとき、スターリンはゾルゲについてこう言い切った。

「あの××（活字にできない卑語）野郎は、日本の売春宿にいつづけて仕事を片手間にしかやっていないくせに、ドイツ軍の攻撃が六月二二日だとほざいているそうだ。この私が奴を信ずると思うかね？」

スターリンは、英国の目を欺くために軍を東部に移動させたのだというヒトラーの回答の方を信用したわけだ。折角の高度機密を入手したゾルゲと日本人スパイたちには気の毒ながら、かれらが忠誠を捧げた男は部下への感謝の念を知らなかったのである。

　赤軍の空洞化を誰よりも知っていたスターリンは、ヒトラーの意を迎えるのに汲々とした。領土や安全保障をめぐる交渉においてスターリンやモロトフ外相はタフであったが、ヒトラーの要求する大量物資の提供には快く応じ、満州国から買い付けた大豆のシベリア輸送運賃を半額にまけさえしたのである。それでも、モロトフはシベリアの冬のような微笑を浮かべながらつねに冷静であり、感情の起伏の激しいヒトラーやリッベントロプにつけいる隙を与えなかった。

　また、不可侵条約を聞いたときの大島浩大使の周章狼狽ぶり、スターリンやヒトラーを相手にした松岡洋右外相の大時代じみた科白、独ソ友好を維持しようとするシューレンブルクやワイツゼッカーの職業外交官としての使命感なども、印象に残る情景である。

　訳語が気にならなくもない。オーランド諸島をアーランドとするのはともかく、ラゴダ湖の表記はラドガ湖となるべきである。また、駐スウェーデン・ソ連公使のコロンタイ女史の名がアレクサンドルでは男になってしまう。アレクサンドラが正しい。赤軍参謀本部長と参謀総長はどちらかに統一すべきであり、ジューコフを参謀総長としたり参謀長としたりするといった具合に、官職名も混乱している。この研究領域は、日本でも斎藤孝氏や百瀬宏氏以来すぐれた成果をあげている分野である。翻訳にあたっては、日本人の研究成果と地名人名の表記を是非参照してほしいものだ。

歴史の躍動感

北山茂夫『日本古代内乱史論』は、最近でこそ女流作家などによって頻繁にとりあげられるようになった古代天皇家をめぐる権力闘争の実像を初めて本格的にとりあげた研究。人間の叙述が生きとしており、読む者に歴史の躍動感を伝えるあたりが素晴らしい。人間不在の歴史学と作家たちに手厳しく批判された戦後史学のなかでも、北山の構想力と叙述力は例外の一つではないか。コンラッド『ロード・ジム』は、ピーター・オトゥールが主演の映画で日本でも知られるようになった作品だが、これまで邦訳本を入手するのがむずかしかった。非常に読みやすい日本語を通して、東南アジアを舞台にしたオリエンタリズムと冒険と虚無の入り混じった世界に近づくことができるだろう。エドマンド・バーク『フランス革命についての省察』は、みすず書房の全集に入れられていた名作を収めたもの。フランス革命に対する理性的な批判を今こそゆったりと読むべきであろう。藤本ひとみ氏の『バスティーユの陰謀』や『貴腐』などと同時に読み返したので、バークのいうフランス革命の滑稽さがますます説得力を増すように感じたのは気のせいか。

高田康成『キケロ』は、政治家と哲学者、文筆家と弁論家など多面的な姿をもつキケロの全体像をわかりやすく説いた本。キケロが「力」に接近して「知」と「力」の関係を解こうとした。高田氏もいうように、シェイクスピアと同じく、キケロもプラトンもわれわれの同時代人なのである。

平勢隆郎『「史記」二二〇〇年の虚実』は、すでに実証的な労作を数点も公にしている平勢氏が、『史記』の編年の誤りあるいは混乱を是正した年来の研究をわかりやすく説いている。中国史研究のプロフェッショナルの仕事といえば、川勝義雄『六朝貴族制社会の研究』が復刻されたのも嬉しい。優れた学問研究書の重厚な日本語に接するのは、何よりも読書最高の喜びである。

二面性について語る

『新しい歴史教科書』は、中学校の教科書としては、やはり個性的な本といわざるをえない。巻頭の「歴史を学ぶとは」において、著者たちは歴史観をコンパクトにまとめている。まず「歴史を学ぶのは、過去の事実について、過去の人がどう考えていたかを学ぶこと」だと指摘している。たしかに、過去の事件や事象に現在の価値観や善悪の尺度をそのまま当てはめても、歴史のダイナミックスを理解したことにはならない。しかし、戦争や革命や飢餓の悲劇は、生きた人間とその家族や係累を犠牲者として生み出すのである。こうした不幸が何故に起きたのか、今後再現されないためにはどうしたらよいのかを、貴重な教訓や未来の模索として学ぶことも歴史を知る大きな目的なのである。

著者たちは、歴史の条件が変われば、人間の価値観も変わるという。だが、恐怖からの自由、貧困からの自由を求めるのは、有史以来、人間の本性なのである。J・S・ミルやトクヴィルのような西欧型の自由主義に立たずとも、日本やイスラームなど東洋の歴史にも平和や自由を求める価値観が存在した。何もアングロサクソンの一方的観念で歴史を切ろうというのではないのだ。たしかに、「過去のそれぞれの時代には、それぞれの時代に特有の善悪があり、特有の幸福があった」という見方は間違っていない。それでも、「歴史を学ぶとは、今の時代の基準からみて、過去の不正や不公平を裁いたり、告発したりすることと同じではない」という指摘は不正確である。「今の基準」のなかには、歴史を通して人びとが本能的に共有した恐怖や貧困や抑圧からの自由を希求するという、歴史を貫通する価値観も含まれているからだ。スターリン体制下の粛清の恐怖を語る者は、日本の植民地支配に呻吟《しんぎん》した東アジア諸民族に対する憲兵政治の非道にも、目を向けなくてはならないはずだ。また、ドイツ人によるユダヤ人ホロコーストを批判する者なら、イスラエル人によるパレスチナ人迫害に対する見方を統一的に問われるのが歴史というものなのだ。

こうした問題関心は、日本史と世界史を有機的に結びつけながら、比較や相関を通じて具体化されるはずだが、『新しい歴史教科書』は必ずしもその作業に成功していない。それは、日本のナショナリズムや文化の優位性が強調される反面、外国のナショナリズムや抵抗が日本に向けられる場合にはその歴史的意味を過小評価しがちだからであろう。たとえば、日露戦争における日本の勝利から起きたアジアのナショナリズムは、「トルコやインドのような遠い国では、単純に日本への尊敬や共感と結びついたが、中国や韓国のような近い国では、自国に勢力を拡大してくる日本への抵抗という形であらわれた」と語られる。

前者は正しいが、中国や韓国のナショナリズムが「日本の勝利に勇気づけられたアジア」の事例に入るのだろうか。「日本には、大国として他のあらゆる大国と力の均衡の政策を保ち続ける新しい必要が生じた」というのは、パワー・ポリティクスを指すのだろう。しかし、朝鮮から満州ひいては中国における利権確保と植民地化を正当化する言辞と聞こえなくもない。

また、日本が「列強の武力脅威に敏感に反応し、西洋文明に学ぶ姿勢へと政策を転じた」理由を、江戸時代を通して武家社会という側面があったからだというのは、武士階級のミリタリズムや国防意識が旺盛に刺激されたという解釈なのだろうか。他方、中国と朝鮮は「文官が支配する国家だったので、列強の脅威に対し、十分な対応ができなかったという考え方」も紹介されている。これらの理解には世界史的な機軸が欠けている。クリミア戦争や南北戦争などで欧米政局が多難だったときに幕末と明治維新を迎えた日本の時間的偶然性の幸運、オスマン帝国やカジャール朝イランの地勢的位置と異なり極東の縁《へり》にある島嶼《とうしょ》国家日本の地理的優位性にも言及しないと、日本の成功が西洋文明の導入、「そのための努力や工夫」の結果だけということになりかねない。中学生たちに、歴史の偶然性、地勢の不変性といった要因を教えなければ、中東やアジアの国々を継起的に襲った悲劇や不幸の連鎖を理解させることはむずかしいだろう。

「大東亜戦争」の勃発で「日本国民の気分は一気に高まり、長い日中戦争の陰うつな気分が一変した」という指摘にも驚く。当時の日本人の気分はたしかに明るくなったのだろうが、「長い日中戦争」が日本の責任で起きたことや、この戦争と「大東亜戦争」との因果関係を世界史的に説明する指摘が十二分ではないのである。米国と日本の生産力の差、戦争資源を米国に握られていた条件下での非合理な開戦だったことも充分に論じられていないのだ。

個性的な本であるが、教科書としては相当に改善すべき余地が残っている。どの国の歴史にも正負、明暗、良い側面と悪い側面が必ずつきまとう。その二面性について勇気とバランス感覚をもって開示するのも、日本人にとって真に必要な新しい教科書の使命であることをあえて指摘しておきたい。もちろん、こうした課題が他の教科書にもあてはまることはいうまでもない。

男同士の嫉妬の恐ろしさ

嫉妬事（悋気《りんき》事）は歌舞伎の演技として重要な類型である。鋭く恨めしげな顔つきで若い女方がひとりで髪を梳《す》く姿は、嫉妬の念に狂った女性のこわさを象徴してきた。嫉妬に我を忘れた女の髪はおのずと逆立つというが、私も子ども時分には映画や歌舞伎の『東海道四谷怪談』でお岩が髪梳きをする光景に思わずおじけづいたものだ。

歴史を動かす女性の嫉妬にはすさまじいものがある。日本史ですぐ思い出すのは、徳川二代将軍秀忠の正室お江与（淀君の実妹）の嫉妬心であろう。秀忠が静という女性との間にひそかに設けた男児は、あの手この手で殺されそうにもなったほどだ。その子こそ成長して、お江与の生んだ三代将軍家光と嫡子家綱を補佐した、名宰相の保科正之にほかならない。

一人の女性をめぐる男二人の嫉妬や愛憎も馬鹿にすることはできない。孝謙天皇の寵を失った藤原仲麻呂（恵美押勝）が道鏡に抱いた複雑な感情は、嫉妬心を抜きには考えられない。

男女間の嫉妬はせいぜい家を崩壊させるくらいである。しかし、男同士の嫉妬は、すぐに権力の問題と結びつき、国を滅ぼしかねないのだ。私は、『嫉妬の世界史』を書いてみて、つくづくこの恐ろしさを痛感した。

男であれ、女であれ、歴史上で人を嫉妬するケースは、他人が金や土地などの富に加えて美男美女をたやすく獲得したように見えた時だけではない。嫉妬は、他人が名声や徳性を得た時にも感じることが多い。

並大抵でない辛酸をなめたすえに獲得した場合はいざ知らず、ただ同然に手に入れたように思われると、普通の市民は嫉妬をあからさまにしたと古人も指摘している。

ましてや、現代日本のように、誰でも芸能人やスポーツ選手や政治家になれる、と簡単に信じがちな平等社会に生きる人間であれば、嫉妬の感情は深まるばかりだろう。

それでも、古代ギリシアの三大悲劇詩人のひとり、エウリピデスが紹介する謙虚な発言を聴くと嫉妬の感情も薄らぐかもしれない。

どうして私が賢いなどと申せよう。ただ憂いもなく、多数《あまた》の兵士らの一人として、この道の達人と、等しく運を分け合《お》うたのみ。（プルタルコス「人から憎まれずに自分をほめること」『饒舌について』）

謙虚さは、ある程度まで、人の嫉妬を薄める解毒剤となるに違いない。自分の成功を誇らず飾らず、得意を内心に秘めるには相当な努力が必要となる。嫉妬を避ける方便は、人生でいちばん大事な知恵かもしれない。

高等教育の危機

国立大学が独立行政法人になろうとしている。中村忠一『大学倒産』にいわせると、これは民営化への第一歩にすぎず、早ければ五年、おそくとも十年で民営化するという。東大の授業料も値上がりして、ハーバード大学よりも高くなるという不気味な予測もする。東大は三百六十万、京大はじめ他の旧帝大系は三百万、文系だけの一橋も二百万くらいになると数字をはじく。無理もないのだ。仮に東大や旧帝大がもっている演習林や土地を売却しても、数十億円にしかならない以上、どうしても授業料収入に頼らざるをえないからだと語る。

しかし、この数十億円という数字でさえ、慶応や日大の保有する金融資産のせいぜい一パーセントから二パーセントにすぎない。他の国立大学には、売却して金融財産とする余分な土地などあるはずもない。つまり民営化された国立大学のほとんどは、金融資産がゼロから出発することになる。政治家や国民のなかには、国立大がどうも嫌いで、すぐにでも民営化せよという向きもあるが、事態はそれほど単純ではないのだ。「国民大衆の子弟は、いかに学力が優れていても東大などへの進学は夢のまた夢となる。そうなると、日本は「科学と技術の創造力」の九割を失い、「一流の国」

から「二流の下の国」に転落しかねない」。

いま必要なのは、高等教育の問題を長期的戦略の視野で考えることであろう。それは「日本国民全体にとって、非常に重要な問題」だからである。民活や市場原理主義を単純に導入すればよいというものではない。とはいえ、危機にある現状を変革するには、内部のエネルギーが低すぎる国立大学が多いのも事実である。

そこで、梶田叡一『新しい大学教育を創る』は、何よりも大学教員に読まれるべきであろう。一九九九年には、本務教員だけで十四万七千五百人を超えている。この数字を、戦後の一九五〇年の一万人、ましてや「エリート中のエリート」だった戦前の大学教授と比べても仕方がない。それでも共通している点がある。それは、概して「社会的常識に富み、責任感が強い」人間が少ない職業だということだ。大学とは、変人とか奇人と呼ばれる人間も、むかしと同じく受けいれてきた社会なのだ。「良くいえば、五十歳になっても六十歳になっても学生気分を引きずっている」「悪くいえば、幼児性のしっぽをいつまでも引きずっている」のが「大学人」だという指摘は、手厳しいが当っている。大学に関係する読者であれば、「組織人としての認識と能力を身につけること」のできない人を、必ず周りに幾人か見つけられるだろう。

梶田氏がまとめる大学人としての存在様式の十分類も興味深い。①一流の学者、②一流の研究者、③一流の知識人、④社会的高位者、⑤社会的知名人、⑥社会運動指導者、⑦啓発的指導者、⑧学内実力者、⑨人脈的実力者、⑩大学教授。禁欲的な著者は、これらを興味本位で分けているのではない。それどころか、議論内容が謹直すぎるだけに、④の「土井たか子も、もともとは大学人である。「だめなものはだめ」などとおっしゃるのは、たぶん大学人だったからではないか」という比喩にも思わず笑いを誘われるのだ。大学教授になったことだけで満足する⑩については評価も手厳しい。改革が必要なのは、制度や学生だけではないのだ。

変わる大学

ある財界人は、教育こそ小泉政権の構造改革でいちばん進んでいると語ったそうだ。その責任者だった元文部科学大臣の新著『こう変わる学校　こう変わる大学』を読むと、とくに二つの特徴に気がつくだろう。その第一は、「ゆとり」の美名であわや奈落の底に沈もうとした日本の基礎教育の内容を、すんでのところで見直したことである。第二は、自治の名分で競争力や自己啓発の必要性に鈍感だった国立大学を法人化に向けてリードしたことである。

平成十、十一年の学習指導要領の改訂では、子どもの「生きる力」をはぐくむ観点を重視した半面、「ゆとりと充実」のうち「充実」の面が忘れられ、基礎学力と倫理観・公共心の修得に背を向ける危険が多くの識者から指摘されることになった。時をほぼ同じくして、大臣に就任した遠山敦子氏は、「人間力戦略ビジョン」を提案し、新教育課程の理念と指針を次のように示したのである。①確かな学力の育成、②豊かな心の育成、③トップレベルの頭脳と多様な人材の育成、④「知」の世紀をリードする大学改革、⑤感動と充実、⑥新たな時代を生きる日本人。

氏によれば、「学力」の核心は、基本をしっかりと学んだ上で自ら考え行動できる思考力や判断力や表現力を伸ばす点にあるという。もちろん、新学習指導要領が学力の意味を過小評価したという事実はなかった。しかし、「生きる力」の知の側面たる「真の学力」について、その「充実」の意味とねらいが不明確なことは不幸であった。

「ゆとり」を「たるみ」につなげず、教育の真の目的を忘れる傾向に対応したのは、氏を中心に作成された「学びのすすめ」であった。とくに大事な点は、学ぶことの楽しさとともに、学ぶ習慣を身につける重要性が強調されたことだろう。

いったん敷かれた行政路線に新たな指針を追加するのは、文部行政でも想像以上に大変なことだったであろう。四月からの新しい教育改革の実施を準備しているときに、新大臣の判断は「ぎりぎりのタイミングにおける決断」なのであった。遠山氏は「もしあの時点でアピールを出さなかったら、後になってもっと大きな混乱と問題が生じていたのではないかと思えてならない」と指摘している。たしかに、日本の小中学校は想像もつかないほどの知的退廃に陥っていたかもしれない。その後は、現場の教師や地方教育行政の関係者の努力もあって、最悪の結果を免れたことは幸いであった。

大学教育においても、「遠山プラン」と通称される国立大学の「構造改革の方針」は、法人化と国際競争力の導入と質の向上をめざしていた。その骨子は、国立大学の再編と統合、民間的経営手法の導入、第三者評価による競争原理の実施の三点にあった。批判や戸惑いは国立大学関係者から寄せられた。しかし、明治の帝国大学の時代から大学を公権力から独立させる動きは大学内部にもあったのである。大学改革はなかなかにむずかしい。何よりも、法人化されても大学は「トップ・マネジメントの実現」はたやすくないはずだ。また、「二十一世紀COEプログラム」(トップ三〇)の選定の内容と基準にも見られるように、選ぶ側の見識や大局観が疑われる決定も少なくない。研究と教育には、基礎と応用、理念と現実感覚のバランスが必要なことを忘れてはならない。このように、教育改革には「永久革命」のような側面が強いが、今はその成果を静かに見守りたいものである。

知のたのしみ　学のよろこび

もともと「文学」とは、古い漢語で学問を意味した。明治に欧米から導入された大学の学部名にも、古い語義としての「文学部」が採用されたのであった。文学部は、むしろヒューマニティ全般に関わる学問所なのである。ところが、国立大学の法人化や私立大学の経営悪化の風潮もあって、文学部とは何ぞやという懸念が一部に高まっているらしい。実学と違って、基礎的学問はむかしから誤解にさらされてきた。『知のたのしみ　学のよろこび』は、京都大学文学部のスタッフが学問の実像と虚像を虚心坦懐に披瀝したものである。

原理を究めることは、どの学問でもたやすくない。しかし、漢文や古典はむずかしく、「読めない」「わからない」のも当然なのだ、カリキュラム改革をしても漢文を好きになることは「決してあり得ない」らしい。しかし私などには、日本の演歌を文学作品として「一つの理想」と語る方が楽しくなる。美空ひばりの「みだれ髪」を「聴いていても、読んでいても、実に愉しい」という文学研究者のつぶやきを聞くと、文学部はこうでなくては、とむやみに嬉しくなるのだ。さらに、『詩経』の「未だこれを思わざるなり。それ何の遠きかこれ有らん」を、阿久悠作詞の「五番街のマリーへ」と比較する学者もいる。しかも、「五番街のマリーへ」を「近年の流行歌」というあたり、やや笑いも誘うのである。

また、どこかに含羞を秘めるのも、文学部の学問たる所以であろうか。本居宣長と比べると上田秋成は所詮《しょせん》二流の学者だという見方には、リアリズムと理想主義の双方に通底する醒めたセンスを感じる。秋成によれば、「学問は、いくら楽しくとも虚業に過ぎないから、本来、人前で大きな顔をしてやっていいものではない」のだ。「分をわきまえて、ひっそりと慎ましやかにやるものである」とは、見上げた言説というべきだろう。人によっては、秋成のような「罪と恥じらい」を冷笑するかもしれない。しかし、学問をあがめるあまり「内省」をもたない宣長の「夜郎自大」は、現代人の自戒でもなくてはならない。

中国では長いこと、「学問が社会を救済することができないならば、その学問には意義がない」と考えられてきた。理想を抱く学問を容認する点にこそ、社会に筋が通るというのだろう。これとは反対に、学問の自律性あるいは社会からの超越性を説く立場もありうる。いずれにせよ、文学部の存在意義といった次元を超えて、次のような言葉こそ現代日本の社会と市民にも広く共有してもらいたいものだ。「学問は、人間に知識を与え、人間に教養を与え、人間に楽しみを与える。知識・教養・心情は、人びとを洗練された存在でおおらかな気質に変え、こころ楽しませ、機械的でない生を過ごさせ、精神生活上の超越、日常的気分のおだやかさをもたらす」。文明とは、ある意味で「教養」そのものであるというのだ。何という感動的な説得力であろうか。

「世界で最も難解な言語を世界で最も平易に説明する」とうたい理工系の学生までサンスクリットの学習に誘った先生も、元はといえばヒマラヤ修行と世界放浪の旅に出た人らしい。文学部の学問には、「知のたのしみ」や「学のよろこび」だけではない何物かが含まれている。あえていえば、大学の他学部では決して得られない要素も文学部にはあるのだ。私であれば、題名の最後に小文字でひっそりと「生の苦しみ」とでも添えていたかもしれない。

国際協力を志すなら

一九九〇年から出されている「人間開発報告書」は、国連出版物のなかでもいちばん魅力に富んでいる。その理由の一つは、貧困の撲滅、環境の改良、人間の尊厳回復などについて、具体的な数字をあげながら、いま何をなすべきかを具体的に提言しているからだ。

それによれば、焦眉の課題は、二〇〇〇年の国家首脳会合で採択された国連ミレニアム宣言から生まれたミレニアム開発目標（ＭＤＧｓ）を達成することにある。低所得、飢餓の蔓延、男女の不平等、教育の不徹底、水不足などを早急に解決すべきと語る**『人間開発報告書２００３』**は、貧困とのたたかいを対テロ戦争勝利まで延ばすといった考えを斥ける。「貧困を撲滅することは、より安全な世界の実現に寄与するはず」だからだ。

ＭＤＧｓを国家の現実政策とすべきだという本書の主張はもっともである。ブラジルの大統領が選挙で「飢餓ゼロ」運動を公約として掲げたのはその一例である。他にも、ヨルダン、モザンビーク、インドの一部の州でＭＤＧｓの達成が順調なのは、地方分権が機能しているからだという指摘も注目に値する。地方分権の実は、住民のニーズに迅速に対応し、汚職を摘発しながら選挙にも参加できる状況をつくりだしているというのだ。

また、非常に貧しい国でも、ＭＤＧｓの一部が達成されている成果も見逃してはなるまい。一九四五年から五三年の間に平均寿命が一二歳ほど延びたスリランカの例は、九〇年代に下落した三四カ国に勇気を与える例であろう。ボツワナでは小学校への総就学率は、六〇年の四〇パーセントから八〇年には九一パーセント近くまで急増したのである。

それでも目標の二〇一五年までに成果をあげられない国については、「緊急な進路変更」が必要になる。人間開発が低く実績が上がっていない国と、極度の貧困者のいる国がその対象となる。新しい行動計画は、「ミレニアム開発コンパクト」と名付けられた。それは、富裕国からの追加的な資金・技術の援助だけでなく、自助努力も要求している。差別の撤廃や男女平等の推進といった理念に関わるものから、中小企業家の育成や小農の生産性の向上を提案しているのだ。とくに、小学校に就学する子どもの割合が八〇パーセントを越える途上地域では、教育こそすべてのＭＤＧｓを「達成するうえで中核をなすもの」だという指摘に同意しておきたい。

人間開発における教育と知識の重視は、本書と同時期に出された『**アラブ人間開発報告書2003概要**』（二〇〇三年、国連開発計画東京事務所、非売品）でも強調された。「知識社会の構築に向けて」という副題をもつこの小冊子は、アラブ知識社会の戦略的ビジョンを五つの柱にまとめている。①法律を基礎とする「善政」（グッド・ガバナンス）によって意見、言論、集会の自由などを保障する。②良質な教育を万人に普及させる。③科学を定着・浸透させながら、すべての社会活動で研究開発能力を構築し普及させる。④アラブの社会経済構造の知識型生産への移行を急ぐ。⑤寛容かつ開かれた正統的なアラブの知識モデルを開発する。産油国の存在から豊かな地域とイメージされがちなアラブ世界は、一人あたり所得の年平均伸び率〇・五パーセントは、サハラ以南のアフリカを除き世界最低を記録している。二冊の『人間開発報告書』は、現代の国際政治経済を考えようとする場合に有益な書物である。とくに、外交や開発や国際協力を志す大学生には大いに参考になるだろう。

Ⅳ　アジアのなかの日本

確かに、日本のような島国人は、イングランドやその他の北欧のかつての蛮族と同様、世界の他の民族の大部分よりも、はるかに早くから国家意識を育てていたのである。おそらく彼らの国がより高い文明を吸収する拠りどころとなった国土よりも、はるかに若くかつ当初は弱かった事実に対して明らかな当惑を感じて、その代償として自ずから国家意識を発達させたとも考えられよう。

――エドウィン・ライシャワー『円仁　唐代中国への旅』

悲劇性と「滑稽ぶり」

フランスの歴史家にポール・ヴェーヌという人物がいる。古代ローマ史の専門家なのに、音楽や詩についても玄人同然の蘊蓄《うんちく》を披露する鬼才である。その異能ぶりといえば、アルプス登攀《とうはん》のときに遭難しかけたヴェーヌが思わず、「これでよし百万年の仮寝かな」と日本の句を口ずさんだといえば足りるだろうか。終戦時、海軍軍令部次長の大西瀧治郎中将の辞世を引き合いに出すヴェーヌには、どこか倒錯した日本びいきの趣が感じられる。ところで、そのヴェーヌの自伝『**歴史と日常**』のなかに、日本を素材に、西洋で生じた理想について「わたしがつくりだした神話」を論じる箇所が出てくる。

ポール・ヴェーヌは、鎖国による閉鎖性にもかかわらず、文化的アンテナの鋭敏性と「中国文人のような教養」に加えて、西洋流の天文学や数学の知識をもたらした「蘭学」や「洋学」の知識もあった日本が、「決して第三世界の国民ではなかった」と強調する。その結果、日本は西洋に比肩する列強となり、現在では世界第二の経済大国になった。と、ここまでは一見したところ教養あるフランス人なら誰でも知っている陳腐な日本理解にすぎない。しかし、面白いのは、ヴェーヌその人がその平凡さを知っていることだ。「わたしの個人的な神話では、日本は西洋の勝利を示し、同時にさきほどお話しした理想を失わないという希望を表しています」と。

こうした「西洋中心的信念が熱狂的だ」という平凡さをあえて宣伝しようとは思わない、とヴェーヌは述べている。「少し距離を置いてみれば、唖然とするばかりです」。いってみれば、歴史家でありながらヴェーヌは、自分の立場が一九一四年の愛国的なフランス兵のように滑稽だというのだ。あたかも一九一四年の愛国的フランス兵のように、「青いズボンをはき、鉄砲の先に花をつけた姿と同じレベルにいる」ことを悟って、「自分でも驚いていています」と、ヴェーヌは意中を率直に吐露する。

『禁じられた敵討《あだうち》』に収められた作品に共通するのは、ヴェーヌのいう兵士の「滑稽」さを見据える歴史家の「滑稽」ぶりと戸惑いを、文学者の中村彰彦氏も隠していないことであろう。戊辰戦争から明治維新の変動期にかけて、薩長であれ佐幕であれ、いずれの関係者もヴェーヌ風にいえば、自分の陣営のために死ぬ覚悟をしており、その聖域を守るために生死を賭けて戦ったのである。どの勢力も藩も、すべての価値観を実体化していたともいえよう。とはいえ、歴史は厳粛な死だけを登場人物に約束するわけではない。むしろ、歴史の滔々《とうとう》とした流れのなかで、いたってあっけなく死没して後世顧みられない人間も少なくない。観察する人にも、滑稽ぶりを認識させられることでふと当惑を余儀なくされる死のあり方もあるのだ。『禁じられた敵討』でいえば、さしずめ、「密偵きたる」や「上役は世良修蔵」に現れる人びとの死がそうであろう。たとえば「密偵きたる」の結びを、中村氏は次のように締め括っている。

「いずれにしても、足利三代木像梟首事件、松山幾之介斬殺事件、岡元太郎ら四人の自殺とつづく一連の流れは、佐幕であれ勤王であれ、幕末史に棹さそうとした者たちがいかに多くその中途に斃れたかを、象徴的に物語っているように思われてならない」。

この短編は、文久三年に三条大橋の下に梟《きょう》された足利三代将軍の木像事件から始まる政情探察のために岡山藩に潜入した新選組隊士松山幾之介は、旧知を頼って情報を収集無事脱出の直前、茶屋での「内証あそび」の誘惑に負けて残留したところ、奸計にたばかられて惨殺されてしまう。しかし、その暗殺者岡元太郎にとって、これこそ悲運の始まりとなる。元治元年に美作の地を訪れた岡らは、分限者相手に軍資金の無心をするが、勤王とは金納かと皮肉まじりに嘲笑されて激昂、遂には追ってきた村人と関所役人を斬り捨てる。やがて村人に囲まれて絶望のあげくに自刃したのである。

「上役は世良修蔵」は、慶応四年三月に松島に姿を現した奥羽鎮撫の官軍下参謀世良修蔵の物語である。世良は第二奇兵隊の出身とはいえ、元は周防大島の漁師で武士の倫理観をもたない人物であった。世良の参謀任命を聞いた長州藩の品川弥二郎がつぶやいた一言、「世良とはひどいのが行くな」とは歴史の未来をよく予知していたといえよう。この当年三十四歳の成り上がりは、年長の大大名伊達陸奥守慶邦を相手に傲岸にふるまい家中一統《かちゅういっとう》の怒りを買う。そのうえ、年来の色好みもあって、遊郭や旅籠に流連《いつづけ》しながら、芸妓に膝枕させたまま公用書を足で蹴るやら、朝から淫蕩にふけるやらで、とても官軍の参謀職とは思えない。たとえば、二本松城下から南に三里たらずの本宮宿でも、「世良は朝から酒を飲みながらお駒という十九歳の遊女に惑溺して荒淫の日々を送り、こんな店があることを初めて知った醍醐少将も、それに引きずられて流連していたのである」。それでいながら会津藩宥免の嘆願を斥《しりぞ》けるばかりか、奥羽諸藩をすべて朝敵にしかねない言説をくりかえす。武士は相見互いという情がないのだ。堪忍袋の緒が切れた仙台藩士らはついに世良を捕捉、「奸悪狂暴にして礼儀をわきまえず、色欲をほしいままにして酒に耽り、みだりに諸士を罵って恥辱を与えしのみならず、わが公をも罵言いたして奥羽列藩の社稷《しゃしょく》を危うくせんとした者なれば倶に天を戴くべからず」と断罪したのである。見苦しいのは、下帯一つで命乞いをする世良の姿である。中村氏の筆致は容赦ない。

「生まれついての武士でない世良は、これ以上の醜態はないことを自覚できないのである」。世良の従卒ら三名も惨殺されておわった。「歴史に『もしも』は禁句とされるが、もしも世良修蔵にもう少し武士の情があったならば、これら三人はその側杖を食って非命に斃れずともすんだのではあるまいか」とは、歴史と人間にいつも義と仁を求める中村氏らしい感想ではなかろうか。しかし、この短編を最初に読んだ時いらい、印象に残るのは世良の寡婦千恵の末路である。千恵は、掘立小屋や野宿で露命をつなぎ、乞食扱いされないために比丘尼《びくに》の姿をしていたらしい。毒きのこまで口にして精神異常さえ来した千恵は、大正十一（一九二二）年三月まで生き延びたという。享年七十八。味噌しかない小屋で看取る者もいない悲惨な死であった。中村氏の結びは正しいであろう。

「こういっては世良には酷かも知れないが、かれと関わりをもった人々がすべて不幸な人生をたどったことには驚かざるを得ない」。

歴史とは残酷なものである。もし世良が品川弥二郎や山県有朋くらいに自制心と分別があれば、明治の政治世界で栄耀栄華をわがものにしていたかもしれず、千恵も伯爵夫人くらいになっていたかもしれない。有為転変は世の常にしても世良の場合はひどすぎる。長州閥の誰もが千恵のたつきを考えなかったというのも、冷酷な話ではなかろうか。勝者と敗者の歴然とした差も悲劇的であるが、勝者の落ちこぼれとして双方から白眼視される者はもっとむごい。かりそめとはいえ、本宮宿で世良に溺愛されたお駒なら何と答えるであろうか。

ポール・ヴェーヌのいう価値観を実体化した死も本書で紹介されているのは、せめてもの救いであろう。「近藤勇を撃った男」の富山弥兵衛、「木村銃太郎門下」の木村といわゆる二本松少年隊士たち、「小又一の力戦」の佐藤銀十郎は、いずれも「死ぬ覚悟」をもち「生死を賭けてまで聖域を守ろうとした」人物である。伏見街道の墨染で近藤勇の右肩を砕いた元新選組隊士の富山弥兵衛は、戊辰戦争に際して、博徒のなりをして越後口の探索にあたった。そこは元薩摩藩士にして新選組隊士という生粋の武士育ち、世良修蔵と違って、侍の挙措が身についている。目明かしに不審な動作を見破られた富山は、出雲崎近辺で逮捕された。やがて脱走するが、越後特有の深田に足をとられて斬殺されてしまう。その辞世として伝わるのは、「から人は死してぞ止まめ我はまたなな世をかけて国につくさん」。中村氏の結びも簡潔ながら、世良の場合と違って、死者にすこぶる同情的なように思える。

「同胞相食む内戦は、洋の東西を問わず昔も今もかならずこのような悲劇を数知れず生み出す」。

木村銃太郎は、二本松藩砲術師範の家に生まれた武人である。韮山の江川太郎左衛門に洋式砲術を学んで帰藩、ただちに藩士たちに稽古をつける。戊辰戦争では少年兵二十五人を指揮した。熱心な調練の賜物で、四ポンド山砲一門と人数分のエンフィールド元込銃を駆使して、歴戦の薩摩小銃六番隊に互角の勝負を挑んだ。鳥羽伏見、壬生・宇都宮、白河口・棚倉の激戦に参加した薩摩の勇士たちは、正面にたちはだかる敵の銃兵が、わずか十三歳から十四歳の少年だとは夢にも思わなかったことだろう。奮戦の甲斐もなく、まもなく「小先生」こと銃太郎は戦死。二本松少年隊六十二人のうち、戦死は十六人、戦傷は六人であった。短編「木村銃太郎門下」は、この事件が会津藩白虎隊の十六歳から十七歳の少年十九人が飯盛山で自刃するよりも二十三日前に起きたという記述で淡々と締められている。

「小又一の力戦」は、知行地上野《こうずけ》(現群馬県)・権田村のはずれで無念の死を遂げた小栗上野介忠順の忠臣にまつわる話である。小栗の母、夫人など足弱の女性たちを守りながら会津の勢力に合流した佐藤銀十郎は、小栗の子又一と同じく敏捷性と散兵戦術に長じていたために「小又一」の異名をとった。銀十郎と会津の指揮官町野源之助との出会いは幸運であったといえよう。なぜなら、町野は藩や身分の違いにこだわりがない豪放磊落《らいらく》な人物であり、些事に拘泥しない武士だったからである。官軍の元込銃に対して、能力の劣った先込銃のゲベール銃を効果的に使うために銀十郎は、「早合わせ」の術を献言する。懐紙を縦横三寸ほどに切って左手人差指に巻き付け、上端をひねって紙筒をつくって、そこに丸玉一個と火薬を流しこんで、もう一つの口もひねると「早合わせ」ができる。町野も傑物で早速に「早合わせ」を採用して戦果を出している。銀十郎は戦死するが、小栗の遺族たちは忠義の「小栗歩兵」たちによって守られ、やがて徳川家の移住した静岡で家の再興に成功した。農民たちのうちから気骨ある者を選抜して兵士に育てた小栗の目に狂いはなかったとは、けだし至言であろう。

「禁じられた敵討」は、やや複雑なストーリーに色どられている。時も明治十二年四月であり、維新から相当に時間が経っている。筋書きは、神奈川県北多摩郡の祭りで起きた喧嘩に端を発する。近隣の小学校教員高木千代三郎と稲熊こと橋本熊三という博徒の喧嘩に仲裁で入った名主の隠居川上助左衛門のからみで話が進む。助左衛門の手打ちに難癖をつけた高木は、夜陰に乗じて隠居を刺殺する。このあたりは謎解きという形で話が進行するが、熊本鎮台で陸軍一等軍曹を務める長男川上行義が帰郷、事件の真相を解明しようとするが謎は晴れない。一旦帰営した行義は、その後確実な証拠が入ると無断で脱走。帰郷して、敵討ちに成功する。新聞各紙は、「南秋津村の敵討」やら「軍曹の敵討」やらではやしたて、「川上騒動くどき節」なる歌さえ流行する。しかし、法治国家では仇討ちが許されるはずもない。

終身刑を宣告されて北海道の樺戸に送られた行義は、恩赦を受けて出獄。二十九歳から四十三歳までの歳月を牢獄で過ごしたわけである。まもなく自由党のちに立憲政友会の壮士として、尾崎行雄や星亨のひきもうけるが、「軍曹の仇討」の伝説で終わっていれば、ひとかどの政治家にもなれたかもしれない。しかし、その後の行義はポール・ヴェーヌのいう価値観を実体化する振舞いとは異質な粗暴さを発揮した。中村氏は厳しい記述を隠さない。

「一度ひとに噛みついた犬は、どんな名犬であれいずれまたひとを襲うという。行義は気にいらぬ相手がいると大酒を呑んで悪酔いし、すぐ腕力に訴える札つきの壮士になっていったのである。同志たちと醜く争ったことも、珍しくはなかった」。

明治四十二年、立憲政友会本部で行義は、同志の田屋豊松を刺殺した。理由はよく分からない。妻登和の過去をめぐる怨恨かもしれない。いずれにせよ、懲役十五年の実刑判決を受けた初老の行義については、その後七十五歳で死んだことくらいしか知られていない。その死には、悲劇性もさることながら、どこか「滑稽さ」もつきまとうのである。それは、なにがなし世良修蔵の愚かな末路に重なるような気がしてならない。

「敵討物語は、美談としてしか語られない傾向が強い。しかし敵討に成功したことによって諍《いさか》い事に暴力で決着をつけるのが習い性となってしまい、結果として後半生を狂わせてしまった者もいたのであった」。

中村氏の言を深くかみしめると、赤穂浪士の切腹申し渡しをめぐる論争において、荻生徂徠のとった立場も宜《むべ》なるかなという気がしてくる。徂徠は、赤穂浪士がもし生き長らえるなら、時として折角の誉れを汚したりして、世人の顰蹙《ひんしゅく》をかう行為に出ないとも限らないと看破したのだ。そこで彼は、名誉の自死を与えるべきだと論じたのである。このあたり、「禁じられた敵討」を書いた中村氏に、徂徠の言説への考えを聞いてみたいところである。というよりも、いずれの日にか、これまでの作家が及ばない周到な時代考証と解釈によって、中村版忠臣蔵の執筆に着手してもらいたいというのが私の密やかな願いなのである。

後南朝と忠臣蔵

師走になると、その年を通していちばん面白かった本について聞かれることが多い。

一九九七年の場合、専門に関係なく読んだ歴史書では、森茂暁氏の『闇の歴史、後南朝』が群を抜いて面白かった。タイトルがよい。「闇の歴史」などと銘うって、まず学者ばなれのしたミステリアスな雰囲気をかもしだすところが憎いのだ。しかも、後南朝という言葉でやや妖しい響きを与えるのもますますよろしい。なかなか歴史好きの読者たちの好奇心をそそる題ではなかろうか。

いうまでもなく、後南朝とは、一三九二年の南北朝合体後の旧南朝という意味である。今時分の人びとは、敗戦後の混乱期に名古屋の雑貨商が「熊沢天皇」を自称して、皇位継承権を主張した事件を知る世代も少なくなった。私などは、小学校の低学年あたりで、今様のクイズもどきに、若かった叔父に「日本初代の天皇は?」と訊かれて、「熊沢天皇!」とやって周囲を笑わせたことがある。周りがあまりにゲラゲラ笑い続けるので、子ども心にいたく傷つけられたことを思い出す。『アサヒグラフ』か何かの写真雑誌で見た禿頭の熊沢寛道氏の印象がよほどに強烈だったのであろう。菊花の御紋章をつけたこの人物は、誰はばかることなく、「後亀山天皇の皇子小倉宮実仁親王十五世の孫」と称していたのである。

それにしても、子どもに対して随分と巫山戯《ふざけ》たことを訊く大人もいたものではないか。おそらく、期待された正解は「神武天皇」というところだろうが、新憲法下で新しい歴史教育を受けるはずの〈無垢〉の児童に尋ねる方もどうかしている。もっとも、人のことばかりも言っていられない。こちら側も、せめて雄略天皇とか継体天皇とか、少しはましな答えをできなかったものだろうか。あまりの無知さ加減に我ながら赤面したことをよく憶えている。その割には性懲りもなく、新聞か雑誌から切り抜いた熊沢天皇の系譜を最近までもっていたのだ。後南朝にはむかしから人の想像力をかきたてる何物かがあったのだろう。（平凡社の『年表世界史事典』にはさんでおいたはずの切り抜きが、どこをどう探しても見つからなかったのは御愛敬か。）

ところで、熊沢天皇に限らず「後南朝の亡霊」は驚くほど多かったらしい。というのも、室町幕府を開いた足利政権に従属しながらも、時に旧南朝の皇胤は反体制のシンボルとなり、政権内部の権力闘争にかつがれてきたからだ。森茂暁氏は、少ない断片的史料を利用しながら、僧籍に入った悲劇の宮たちの足跡を執拗に追いかけたのである。

そこから浮かび上がるのは、「南方一流は断絶さるべし」という足利義教による南朝の血統根絶のむごい方針である。

それでも南朝皇胤の存在は、義教暗殺を皮切りに起こる多くの事変に見え隠れした。応仁の乱では小倉宮の末裔が「新主」「南帝」として西軍にかつがれているのだ。堅実な手法によって合体後九〇年間の歴史を復元した異色の労作といってもよい。地味な仕事のなかに壮大な構想とロマンを見いだすのは、歴史書を読む喜びの最たるものだ。師走に読むと改めて味わいの深い本になるかもしれない。

閑話休題。やはり年の瀬ともなると、映画に文学に忠臣蔵の話でもちきりになる。

一九九七年でいちばん面白かった忠臣蔵物は、鈴木輝一郎『美男忠臣蔵』であろう。新しい忠臣蔵解釈の登場にほかならない。小説の焦点は、浅野内匠頭刃傷への処分、討入り後の赤穂浪士の措置をめぐる幕閣内部の意見対立におかれている。とくに老中上座の柳沢美濃守吉保と新任の稲葉丹後守正往《まさゆき》との対立にスポットをあてている点が面白い。柳沢は、浪士たちが吉良邸討入り後に老中たちの屋敷にも推参する積もりではなかったか、と議論を構える。

稲葉丹後守は、そうなれば望むところ、こちらも武士の一念で切り合うのみと答えて柳沢に応酬する。小説は、江戸幕府の公式記録『徳川実記』に紹介される日々の儀礼や官位叙任の模様を絡めながら展開される。また、五代将軍綱吉については、これまでの解釈ではその癇性がしきりに強調されがちだったが、それは門閥の老中たちを抑える演技にすぎず、実際には冷静で判断力も豊かな人物だったと描かれる。

もともと、平和思想の発露だった生類憐れみの令が妙な方向にねじ曲げられたのも、凡庸な老中たちによる運用ミスだったというのだ。いずれにせよ、精神錯乱気味の病人だった浅野に対し、幕府と吉良上野介はむしろ被害者ではなかったのか、という立場から書かれている。新忠臣蔵の一つとして読むに値する作品であろう。

時代小説に興味のない人でも、江戸時代といえば忠臣蔵と連想する人が多いだろう。

ついでのことに、ここ一、二年ほどに出た忠臣蔵物を覗いてみることにしよう。まず、池宮彰一郎『その日の吉良上野介』は、忠臣蔵小説に新たな境地を開いた傑作である。これは、『四十七人の刺客』などで、吉良上野介に対する浅野内匠頭の刃傷、討入り事件の見直しを積極的に進めている池宮氏の最新忠臣蔵短編集といってよい。

討入りに参加しながら生前に主君の勘気に触れていた事情もあって、墓が岡山にある千馬三郎兵衛を描く「千里の馬」。堀部安兵衛がわざと試合で負けたために仕官が叶った高田郡兵衛に、安兵衛が討入り直前の立ち合いで雪辱する「剣士と槍仕」。茶の名器大亀を上野介に呈上したのに受け取りを拒まれた恥辱が内匠頭を刃傷に走らせたと解釈する「その日の吉良上野介」。江戸でも茶屋遊びを繰り返す好色な大石内蔵助を描き、京都で自分の子をはらんだ女の世話のために家臣を召し放つ大石の心中を分析する「十三日の大石内蔵助」。討入りを上杉家に通報しながら、お家安泰を願う家老色部又四郎の判断で手柄を無視された下郎《げろう》信兵衛の悲哀を書く「下郎奔る」。

五篇のどれにも、鮮やかな人間模様と巧みな心理描写が生き生きと浮かび上がる。短編小説の醍醐味を感じさせる力作ぞろいで、時代小説ファン以外のサラリーマンも、池宮氏の人間分析に満足すること請け合いの本である。

忠臣蔵には、いつも多彩な解釈がつきまとう。最近では、木村絅也《しゅんや》著『赤穂騒動　影の軍師』もその一例である。忠臣蔵で大野九郎兵衛といえば、私の子ども時分であれば、屈指の卑怯者として、東映の映画では必ず悪役と相場が決まっていた。いちばん巧く演じた東映役者の名を思い出せないのが残念だ。しかし、進藤英太郎や阿部九州男や吉田義夫といった極めつけの悪役スターでなかったことは確かである。やや計数に明るい分だけ悲哀感が余韻として残る小狡い俳優が演じるのが定番だったからだ。

ところで、大野については、むしろ利殖の才にたけた経済合理主義者ではなかったか、という見直し論も最近登場している。ひとむかし前なら考えられなかった変化といってもよい。この小説は、さらに一歩進めて大野が大石内蔵助の討入りを財政的に援助したという解釈をとっている。討入りの資金は、大野が工夫して隠匿した財源、つまり赤穂塩の利益による隠し金だったというのだ。それどころか、大野が名を改めて天野屋利兵衛となり、吉良上野介に遺恨のある上杉家の重臣が赤穂浪士に吉良屋敷の絵図面を渡すという設定も面白い。やや奇想天外な筋立てでもそれなりに説得力をもつのは、よく練《ね》れた小説の醍醐味であろう。

また、吉良家討入りには、失敗に備えて第二陣、第三陣があったという小説も興味を引く点だ。討入りを影の軍師として援助した人物こそ、弘前藩の小姓組頭の大石郷右衛門だというのである。内蔵助の縁戚にあたる郷右衛門の活躍が精彩を放つのも木村氏の小説の魅力といってよいだろう。また、彼を幕府の追及から庇う藩主津軽信政の〈もののふの道〉に徹した名君ぶりも光っている。ところで、木村氏はどうも日曜作家らしい。文章にはやや固さも残るが、塩の流通、茶の点前や名器の叙述にも勉強の跡がうかがわれ、さわやかな印象が残る。

もう一つ異色の忠臣蔵を見逃せない。それは、羽山信樹『**がえん忠臣蔵**』である。先に大作『**邪しき者**』を発表した羽山氏の作品としても注目されよう。定火消人足（がえん）の「たでん坊の新」は、旧浅野家中につながる間新六のなれの果て。大名火消しで有名な赤穂藩浅野家と定火消との確執を背後に描く異色の討入り伝なのである。歯切れのよい江戸弁をまくしたてる新六の伝法ぶりに読者は目をまるくすることだろう。セリフの言い回しや啖呵などにも、羽山氏の時代考証の確かさがうかがえる。据風呂付きの贅沢な川遊び、その後の二汁五菜の本膳料理などの描写も江戸情緒を醸し出す。いつの時代にも、金にいとめをつけぬ大尽《だいじん》がいるものだ。

それはともかく、吉良家など旗本に出入りの人宿《ひとやど》、つまり新六たちの元締めは、鳶の日雇いを仕切る大名びいきのライヴァルに猛烈な敵愾心をもっている。意趣返しに、討ち入りを妨げようとして、あろうことか「オンバシリ」（放火）さえしようとするあたりが、この本の圧巻である。それを知った新六は、敢然と火消しに乗り出し、鎮火後に討ち入りに駆けつける。

切腹前にいきなり双肌脱ぎになり啖呵を切るシーンが見事すぎるほどの迫力。オンバシリ、赤猫、コオロギ橋といった江戸の俗語の意味を初めて知る人も多いであろう。

それにしても、どうして日本人はこんなに忠臣蔵が好きなのだろうか。かくいう私も、その点では人後に落ちないのだが……。

師走に後南朝と忠臣蔵を読む。これは、国際化の時代であっても、日本人だけに許されたささやかな特権であろう。

東京の貧民食堂

おでん、煮込《にこみ》、大福餅、海老巻、稲荷鮨、すいとん、蕎麦《そば》ガキ、雑煮、ウデアズキ、焼鳥、茶飯、餡カケ、饂飩《うんどん》、五目めし、燗酒《かんざけ》、汁粉《しるこ》、甘酒。いずれも、盛り場の屋台や夜店につきもののメニューである。すいとんや雑煮を別とすれば、普通の日本人が春夏秋冬を通して好物にするものばかりだ。しかし、これらの飲食が、明治中期に夜業の車夫など力仕事を生業にする者たちを中心に喜ばれたことは、あまり知られていない。

作家松原岩五郎が明治二六（一八九三）年に公にした『最暗黒の東京』は、横山源之助の『日本の下層社会』とならぶ明治記録文学の傑作であるが、市井のなかでも最底辺に呻吟した人びとの食生活を描いてリアリズムに間然するところがない。彼の仕事は、徳富蘇峰の民友社を舞台に生まれたものだが、そこにはエンゲルス『イギリスにおける労働者階級の状態』（一八四五）の近代プロレタリアートの悲惨な姿はまだ登場しない。

しかし、松原は、下谷万年町、四谷鮫ヶ橋、芝新網町など「東京三大貧民窟」と称された界隈を中心に、残飯屋たちが食や客を争って繰り広げる〈生活戦争〉の模様を映し出している。その「翳深き底辺社会」（岩波文庫解説・立花雄一の表現）を理解する一助として、もともと車夫たちの「最も便利とする食物店」が列挙されているのだ。両国橋の夷餅《えびすもち》、剛飯《こわめし》。浅草橋、馬喰町《ばくろうちょう》のぶっかけ飯。鎧橋《よろいばし》の力鮨《ちからずし》。八丁堀の馬肉飯。新橋、久保町の田舎蕎麦。深川飯などがそうである。かれらは、「風塵一飛《ふうじんいっぴ》額上の汗」を拭きながら店や屋台に立ち寄って、一眼は往来の様子を見つめ、一眼は箸や茶碗をもって客に注意し、「よき鳥あらば食事の間も遁さずと鋭敏なる神経」をそばだてる。食い終わるとすぐに箸をなげすて、客を追いかけるというのだからすごいエネルギーである。「今飯屋の前に立ち居しかと思えば、身は既に三十丁の処に飛び来って休息し居るを見る」というのも、決して誇張ではないのだ。車夫たちがことのほか愛でた「食品」についても、松原は詳しく説明している。

丸三蕎麦——小麦の二番粉と蕎麦の三番粉を混ぜて打ち出した粗製の蕎麦であるが、擂鉢《すりばち》のような丼に山のように盛り沢山に出てきたらしい。値は一銭五厘。常人なら「一ト晌下《かたげ》の腹を支ゆるに足るべし」。一回の食事分をまかなうには十二分な量だというのだ。おそらく、私のような蕎麦好き人間でも閉口するほどの量だったのだろう。

深川飯——最近のレトロ・ブームで若い人にも人気のある食事であるが、松原は「バカ〔貝〕のむきみに葱を刻み入れて熟烹し、客来れば白飯を丼に盛りてその上へかけて出す即席料理なり」と今も変わらぬ製法を紹介している。一椀一銭五厘。普通の人には「磯臭き匂い」して、とても食べられたものではないが、車夫などの社会では冬場にはいちばん簡便な飲食として人気があったという。

馬肉飯——非常に無粋な名前であるが、「現今下等食店中第一の盛景」で賑わっている。料理法は深川飯と同じだが、その材料は「馬肉の骨附《ほねつき》をコソゲ落したるもの」だから、脂の匂いが鼻を非常に強く刺激して食べられたものではない。それでも、一杯一銭と廉価なので、健啖な労働者は三、四杯を平気でおかわりする。どうにも、いまの日本人が想像するような桜肉の淡白な味わいに乏しいようなのだ。

煮込——これは、屠牛《とぎゅう》場の臓腑、肝《きも》、膀胱、舌筋を細かに切り、田楽のように串にさして醬油に味噌を混ぜた汁で煮込んでつくるというから、昭和や平成の日本人が嗜む煮込とは少し勝手が違うようだ。いずれにせよ、一串二厘の煮込を好物とする者は、立ちながら二〇串を平らげる。匂いがあまりにもきつく、味も得体の知れないものなので、常人なら到底口に入らなかったという。さすがに実地で何事にも挑戦した松原でも、「人肉を屠《ほふ》り煮る」ような調理法の不潔さを知って「悚然《しょうぜん》たる心地《ここち》す」というのだから、相当な代物だったに違いない。しかも、それを煮売りする者が「貧窟の老耄《ろうもう》」であり、古道具屋に一〇年も曝された錆だらけの鍋を使ったのだから、当時の東京人もあまりの不潔さに驚いたに違いない。

焼鳥――シャモ屋の庖厨《ほうちゅう》から買い出した鳥の臓物を按排して「蒲焼」にした物。一串三厘から五厘。その香ばしさが車夫など「力役者」の人気の的であり、蟻のように客が群がってくる。松原も焼鳥についてさほどの酷評をしていないところを見ると、まずまずの賞味に堪えたのだろう。

田舎団子――饂飩粉をこねて蒸し焼きにし、洋蜜や黄粉をまぶした料理。「舌触り悪《あし》くしてとても咽喉《のんど》を通る品にあらず」。もしまちがって食べたなら、沸騰散を四、五杯飲まなければとても消化できたものではない。それでも、胃が丈夫な労働者は軽い昼食代わりに楽しみ、食事代を節約して小遣いを貯める一助にしたものだ。

松原は、食べ物の不潔さもさることながら、安飯屋の厨房の非衛生乱暴さにも注目している。家の檐《のき》は朽ち果て柱が歪んでいるだけでなく、家屋の内装が台所から上がる煤煙で黒ずみ、煙突や窓が不備なので空気も流通しなかったという。朝夕ろくに飯台の掃除もしないために塵芥《ほこり》まみれになっている。

不潔な厨房は伝染病の根源ともいうべく、一面ごみ捨て場のようだと形容される有様だった。低い屋根裏に加えて、長屋続きの便所、掃溜、井戸などが一ヵ所に集中している。水桶には黴《かび》が生え、盥《たらい》には泥が沈殿して、下水はせき止められて流れを悪くしている上に、台所の雨漏りもひどい。「およそ世に不潔といえるほどの不潔」はすべてここに揃っているのだ。

この「最下等飲食店」では、野菜の皮、魚のあらが一緒に掃き溜められている故の臭気と移り香、厨婢《ちゅうひ》の発する体臭、ぼろぼろの着物をまとった下男、味噌桶から這い出したような給仕女、髪がぼさぼさの幽霊のような女、病床で食事する家娘、酔漢《のんだくれ》、恫喝男《どうまごえ》、貧食者《くいつぶし》などが、日がな大声を出して喧噪を極めている。

松原が紹介する献立は、現代の日本人が食するものと、変わるところがない。いちばん変わったのは、「最下等飲食店」で供された食品が、広く国民の人気を集める大衆食として全国に普及した点であろう。また、衛生観念の変動も甚だしい。しかし、いまではファスト・フードとか立ち食いといって、老若男女が貧富を問わず、人びとが簡便な食事に抵抗を感じない時代である。松原岩五郎の時代の食模様とは隔世の感がある。

それでも変わらない風景が残っている。勤め帰りのサラリーマンが疲れを癒し憂さ晴らしをするために、盛り場でアルコールの酔いに身を委ね、焼鳥や煮込に舌鼓を打つ光景は、日本人ならではのものだ。平成のサラリーマンは、明治の車夫以上に精神、肉体ともにストレスがたまっているのかもしれない。

それにしても、松原岩五郎に優る筆致で、現代社会の生活実相を平成の記録文学に留めた作品をいまだに知らない。

世界史の次元で日本を考える

第二回角川財団学芸賞は、瀧井一博氏の『文明史のなかの明治憲法』に決まった。私もいろいろな賞の選考に関係してきたが、選考委員たちの専門性を超えて、高い水準と説得力に圧倒される仕事は存外に少ない。瀧井氏の書物は、帝国憲法制定の背景をさぐるために、政府要人による三回の欧米視察を文明論的に論じた力作である。

第一は、一八七一年一二月~七三年九月の岩倉使節団である。その結論は、個人の自立や「文明化」した国民の存在こそ、国家独立の前提条件として不可欠であり、「人情の自然」に発する愛国心やナショナリズム、国の独立心の制度化こそ発展の原動力だという点であった。第二は、一八八二年三月~八三年八月の伊藤博文のヨーロッパ憲法調査旅行である。伊藤は、英国流の議院内閣制に反対し、プロイセン流の立憲構想を導入したが、その君主像はむしろ英国流の「君臨すれども統治せず」に近かったという瀧井氏の指摘は興味深い。第三は、一八八八年一二月~八九年一〇月まで一〇か月に及んだ山県有朋の欧米憲法調査である。土地の名望家を中心とした住民の自発的な隣保活動、道路や橋の補修、治安維持や救貧などをドイツから学び、ヨーロッパの地方議会が穏健なことに、山県も印象を強くしたという考察は重要であろう。

日本の政府指導者のヨーロッパ長期滞在は、同時期のイランのカージャール朝のシャーたちの欧州漫遊とは異なっている。瀧井氏の視角は、オスマン帝国やエジプトなど同時代の中東・アジアの近代化挫折の背景を考える上でも示唆に富む。現代の日本人が世界史の次元で事物を考える重要性を教えてくれる点で、角川財団学芸賞受賞にふさわしい力作である。

世論が舵を切ったシベリア出兵

北方領土問題に限らず、日本はロシアとの関係において、いつも北への視点から問題を考える傾向がある。なかでも北方漁業は、北海道民にとって死活の問題である。

歴史的にいえば、日露戦争後の一九〇七年に結ばれた日露漁業協約は、ロシア沿岸の北方水域において、魚類水産物の捕獲・採取・製造の権利を日本人に対してロシア人同様に与えることを認めることになった。日本人は、河川と海湾についても、ロシア人名義で買魚など漁場経営をおこなっていた。ロシア革命と日本との関係を少し振り返ってみたい。

重要だったのは、戦争でロシア帝国から奪取した「権益漁業」ともいうべき北洋漁業の関係者や、ウラジオストクの居留民を中心に、満州、韓国、沿海州にかけて、アジア三民族の独特な居留民社会がつくられたことであろう。日露戦争後には、朝鮮人によるロシア領内への移民も増え、韓国併合の翌年にあたる一九一一年、ウラジオストクの朝鮮人は八四四五人を数えた。しかし、そのうち七九一〇人が非帰化者で占められていたことは意外に知られていない。また、中国人の出稼ぎ労働者も多く、大戦が起きる一九一四年の例をとると、プリアムール地方の鉱山労働者の構成は、中国人が一万四九七五人（七五・三パーセント）も占め、さらに朝鮮人が二六〇九人（一三・一パーセント）だったのに対し、ロシア人は二二九六人（一一・五パーセント）にすぎなかった。

ハルビンが北満州の平原に忽然と現れた第二のモスクワといわれ、中東（東清）鉄道南満支線のハルビン駅周辺路線を確保していたように、日露戦争後もロシアは北満州に大きな利権を維持しており、ロシアと東アジアとのつながりも深かった。こうしてみると、一九一七年三月にロシア二月革命が起きた時、日本が臨時政府の即時承認をためらった理由は、継戦能力の有無もさることながら、満州の権益をめぐる交渉能力への疑いにもあったのである（原暉之『シベリア出兵』）。

ところで、ロシアの十月革命は、日本のみならず世界にとって、ロシアが連合国の一員として戦争に留まるかどうかを占う点でも驚天動地の事件であった。ボリシェヴィキの勢力伸張著しい一九一七年六月から一〇月下旬にいたるまで、ロシアの最新情勢視察のために派遣された人物が、南満州鉄道株式会社理事の川上俊彦だったことも偶然ではないだろう。日本はまずロシア革命を満州の利益との関係で分析しようとしたのである。しかし、十月革命後すぐに一一月一五日付で本野一郎外相に出された「露国視察報告書」は、ボリシェヴィキの民衆に対する力を正しく評価し、臨時政府が民衆運動を抑圧できないでいる状況を客観的に記述していた（『日本外交文書』大正六年、第一冊、外務省、一九六七年）。その結論をまとめると次のようになる。

（1）民主主義はロシア専制の基礎をほりくずしていく。とりわけ第一次大戦で専制は倒され、民主主義も確立したかに見える。

（2）革命は当初純然たる政治色を帯びていたが、いまやボリシェヴィキは政治革命と同時に社会革命を進めようとしている。
（3）無知蒙昧な民衆が社会主義の好餌に心酔しており、各地で暴動が頻発しているのに、臨時政府には取り締まる力がない。
川上のロシア革命分析はその後の情勢の展開をよく予知しているが、とくに興味深いのは「日本ノ露国背面攻撃説」という項目である。これは、ロシアがドイツと単独講和をするなら日本が後背を攻撃することにつき連合国間に黙契があるという風説であり、日本が何故にシベリアを占領しないのかと尋ねられた自分の体験も語っている。川上は、ボリシェヴィキ政権の誕生と単独講和の可能性をおおいに高いと考えたが、その際には日本が「背面攻撃」に出てもロシア国内世論の抵抗はさして大きくはあるまいと判断した。

これは、ロシアの前途に関する二つの仮説を導き出す。一つは、ボリシェヴィキが政権を掌握し、ドイツと単独講和を結ぶ場合である。もう一つは、退却を続けて単独講和もしくは休戦を強いられる場合である。第一の場合、日本は「少クトモ北満州及貝加爾《バイカル》湖岸ニ至ル露領極東ヲ占領」することが必要であり、第二の場合には各種の利権を多く獲得するために大量の資本投下をおこない他日の発言権を確保することが「国家焦眉ノ急務」だというのである。また、川上報告書の提出と同時期の一九一七年一一月中旬に、参謀本部も「居留民保護ノ為極東露領ニ対スル派兵計画」を策定していた。こうして、日本の外交と軍事は大きくシベリア出兵に向かって舵を切っていくのである。

ロシア革命とシベリア出兵については、原暉之氏の労作『シベリア出兵』に詳しいので、是非お読みになることをお勧めしたい。ここでは、一九二〇年秋まで二年有余も続いたロシアの内戦が終わっても、日本は無名の師ともいうべきシベリア戦争を続けていた点を思い起こすだけでよいだろう。ようやく加藤友三郎内閣の手によって、一九二二年一〇月二五日に沿海州からの撤兵を完了したにすぎない。

日本軍がはじめて直面した「人民戦争」の結果は、無惨な敗戦であると同時に、軍紀の紊乱やスキャンダルの続出など「皇軍」の汚辱を白日のもとにさらけ出した戦役であった。シベリア出兵の全期間にわたる陸海軍人・軍属の戦病死者数を合算した犠牲者は、戦死二六四三人、病死六九〇人、計三三三三人に及んでいる。ロシア側の犠牲者については不詳である。しかし、一九二〇年の「四月四・五日」事件だけでも、五〇〇〇人以上が殺されたのに、外務省欧米局長松平恒雄（元派遣軍政務部長）は「露国人ノ損害トハ何ヲ意味スルヤ不明ナルモ日本ハ之ニ対シ責任ヲ取ルコト能ハザル」と対外的に断言したのである。

問題はこうした態度が多少なりとも日本の国民一般にも共通していたことだろう。ニコラエフスク（尼港）事件で殺された日本人犠牲者を悼むあまり、無名の師とそこで流された血を全面的に反省する気運は乏しかったのである。こうした特徴を次に来る満州事変や日中戦争への国民大衆の迎合に結びつけるのは余りにも短絡にすぎよう。

しかし、一九二五年の日ソ国交開始に先だって、治安維持法がさしたる反対もなく成立した要因として、日本の国民のあいだに植え付けられた反ソビエト・反共産主義のアレルギーがあったことは見のがせない。幣原喜重郎の列強協調外交などを軟弱外交と謗った議論が国民に人気のあった時代でもある。なにによらず、国民の世論は正しく、政府の政策や外交は悪だと決めつける歴史解釈からもそろそろ自由になるべきだろう。

偉大な政治家がよみがえる

一八九八年に清国から日本に亡命してきた梁啓超《りょうけいちょう》は、康有為《こうゆうい》とともに「戊戌《ぼじゅつ》の変法」で中国の近代化を志した政治家である。梁は、中国の状況の危うさを「一匹の羊が多くの虎の中にいるようなもの」にたとえ、三十年前の日本の危険に「百倍」すると語っていた。「同州、同文、同種の大日本」の助けを借りて曲面を打開したいと願ったのだ。吉田松陰や高杉晋作に傾倒して「吉田晋」なる偽名を使った梁は、あえて比較するなら、福沢諭吉と徳富蘇峰を合わせたほどの人物かもしれない。毛沢東や作家の巴金《はきん》にも影響を与えた偉人が、「年譜長編」なる特異な伝記様式の作品で、日本でもよみがえったのは、まことに嬉しいことである。

人物や時代をとらえる歴史研究のスタイルは多様である。しかし『**梁啓超年譜長編　第一巻（一八七三〜一八九九）**』は、近代中国の思想家にして変革の政治家だった梁啓超の著作はもとより、書簡、詩や文や電報などの多彩な文書に依拠しながら、西洋人の「あるがままに描け」といった名言に忠実に完成した。これは、中国史と日中関係史を考える土台ともなる業績である。一九八〇年に亡くなった歴史家趙豊田は、恩師筋の丁文江とともに、梁啓超が死ぬ一九二九年から年譜編纂と伝記的研究を始めた。それは、平叙体と綱目体を併用した編年体の作品に結晶した。一年を単位として梁の年齢と主要活動のあらましを描いた後に、大きな「綱」（分類の項目）を掲げて内容の細目を記したのである。さらに素晴らしいのは、編訳者たちが十年もかけてつくった読みやすい日本語と訳注であろう。精緻な訳注からだけでも教えられることが相当にある。

梁啓超の言説は一八九四年、二十二歳の時、日清戦争が起こった頃から本格化する。「時局に発憤し、時として心中を吐露した」のに、耳を傾ける人はいなかった。やがて、上書して講和拒否、遷都、変法の必要性を訴える。なかでも、官吏任用の国家試験たる科挙が「八股《はっこ》」と呼ばれる美麗な形式に偏した文体を重んじるあまり、国家の運営や政治外交のリアリズムに疎《うと》い人材を重用しがちな弊害を弾劾するようになる。このために「新学」という欧米の学術を輸入し、日本語を習得して日本の事物や書籍に学ぼうとした。

「算学」や歴史と一緒に仏教を学ぶ有様が当人から語られるのも「年譜長編」の魅力的なところだ。また、九七年に同志の一人が死ぬと、「天道は無知（無情）、人事は無情です」と語り、「学問が完成しないまま志を抱いて亡くなる」不幸は、「わが党が天に見放されたも同然です」と切々たる哀感を書簡に託する。「民主」（大統領）とは公であり「人治」（社会規範）の究極の法則」だと語る一方、「君主」とは私でありながら「人類が生存するための拠り所」だと極端な偏りを戒めるのだ。民の意味が追求されていない現在、「まず君権を借りて移行していくほうがいい」といった現実的な議論こそは、梁の真骨頂であろう。

ロシアの野心に対しては日英両国の力を借りて斥《しりぞ》けるべしといった持論、西太后による政変と袁《えん》世凱《せいがい》の変節の綾《あや》、林権助公使らによる亡命の助力と日本政府の野心など、政治秘話に属する情報も豊富である。訳文の平易さもあって一挙に読める名著といってよい。日中戦争や文化大革命により「国破れ民窮まり、満身創痍の状態」を切り抜けて書物が上梓された感慨は、趙豊田だけのものではない。まさに梁啓超の至言は本書にこそあてはまるにちがいない。「風雲　世に入ること多く、日月　人を擲《なげう》つこと急なり」と。

華族万華鏡

ある機会に、旧貴族院議員のグループに由来する会に呼ばれて講演をしたことがある。ふと話題が広がり、気品のある会長に思わず「X先生もこちらの会ですか」と尋ねると、「いいえ。Xさんは男爵ですから。こちらではございませんよ」という答えが返ってきた。その会は、旧伯子爵の集まりだというのだ。今でも旧華族の末裔たちが親睦を深めている様を観察するのは、歴史研究者として、なかなかに興味深い経験であった。

ところで、浅見雅男氏の『**華族たちの近代**』は、歴史の面白さとエスプリを堪能させてくれる書物である。なにやら日本人にノスタルジアを呼び起こす華族が、公侯伯子男の五爵位に等級化されていたことは、歴史好きな人間ならだれでも知っている。明治維新前の公卿や大名、それに維新功労の臣などが華族になったことも常識かもしれない。薩長と加賀のように、新政府への貢献度に応じて公爵と侯爵への叙爵が分かれた例なども周知であろう。

しかし、浅見氏の本を読むと、四二七から出発した華族の数が想像以上に増えて、大正一五（一九二六）年には九五二家になったというから驚きである。「家柄華族」ともいうべき最初の四二七家はともかく、華族令が公布された明治一七（一八八四）年以降の「勲功華族」については、根拠が相当にあやしいものもある。

おかしいのは、だれそれも華族になるなら、こちらにも資格ありといわんばかりに請願する者が跡を絶たなかった奇観である。明治一六（一八八三）年から二二（一八八九）年にかけて、南朝の忠臣菊池武時や新田義貞の子孫なる人物たちが陳情したうえに、小野妹子や藤原秀郷の末裔も名乗りを上げるに及んで、宮内省も音をあげたに違いない。源満仲の子孫なる人物にいたっては、御先祖は多田ノ満仲だと四国は松山で啖呵を切った御家人の末裔、すなわち漱石の「坊ちゃん」を連想させて、思わず笑いを誘うほどだ。

〈初代の遣隋使として国威発揚に貢献〉とか〈朝敵平将門を討伐〉といっても、いちいち祖先なる者たちの〈勤皇〉の行為を嘉していたらきりがなかった。まさに、「日本中が華族だらけになってしまう」からである。

神官と僧侶のなかでも、由緒ある一ノ宮や名門寺院で華族に列せられない例もあった。要するに基準がアイマイなのである。御三家の付家老たちが華族になると、越前松平の家老本多家も、自分が据え置かれるのは藩祖秀康以来の家格の高さからいって承服できないと文句をいう。すると、譜代や外様を問わずに、一万石以上の高録を食んでいた家老たちは、われもわれもと名乗りを上げる。

しかし、一万石以上の陪臣はなんと六七人もリストアップされたので、全員を華族にするわけにはいかない。そこで、特別な家臣と目される家が華族ということになった。

浅見氏は、基準として三つの要件が挙げられたと語る。①門地（華族戸主の血族）、②功労（維新前後に功労のあった者）、③財産（華族の資格を維持できる財産を持つ者）。これによって、島津や毛利、山内や鍋島といった家の分家や一門はては家老たちまでが、次から次へと華族になってしまった。これではネズミ算的に華族が増えそうだが、そうならなかった。それは、「財産」の条件で歯止めがかけられたからだ。

皇族から華族に「降下」する者たちも多かった。皇族の正統的地位に留まろうとすれば、嫡系嗣子でもなければ、他の皇族と養子縁組をする以外にない。しかし、その好運に恵まれる者はそう多くなかった。各宮家は明治天皇から相当の歳費を下賜されていたが、華族となった皇族出身者にも手当ては厚かった。侯爵小松輝久になった小松宮輝久王には一二万円が与えられたという。

浅見氏のコメントは、読者の疑問に答えてくれるだろう。「消費者物価指数を比較すると、明治四〇（一九〇七）年に比べて現在は約四〇〇〇倍といったあたりか。これを単純に掛ければ、明治四〇年の一二万円は現在では約五億円ということになる。それが皇族から華族になった代償だったが、前述のように宮家にかかる費用はウナギのぼりに増えていったから、まとめて一二万円を支給しても、結局は安上がりではあったに違いない」。

大正九（一九二〇）年に侯爵となった山階宮芳麿王の受けた恩賜金は、一三五万円もあったという。世界大戦の影響もあって消費者物価が現在の約三〇〇〇分の一になっていたが、それでもこの金額はすさまじいと浅見氏は述べている。一三五万円の内訳は、「家門永続」のために一〇〇万円、営繕調度費用として三五万円である。今の渋谷南平台にあった山階邸は、敷地三三〇〇坪、建坪二二二坪の三階建て洋館だったが、「これだけカネをもらえば簡単に建てられた」という浅見氏の感想は至極もっともである。

戦前には「宮尊民卑」ということがよくいわれたが、明治資本主義も成熟してくると、「民」のなかからも受爵する者が現れた。渋沢栄一は実業家華族のはしりといってよい。その彼でも、「宮」の推す候補と抱き合わせで男爵になったにすぎない。それでも、実業家のなかには、華族になったことを喜ばない硬骨漢も現れた。九州で石炭業を営んだ安川家などは、受爵した敬一郎の死後、息子は爵位を返上し、わずか十数年で華族の籍を脱している。それとは反対の人物もいた。大倉喜八郎の如きは、高い勲位を欲しがるだけでなく、息子の配偶者として旧新発田《しばた》藩主の溝口伯爵家の令嬢を迎えて悦に入っていた。家紋も溝口伯爵と同じものを使わせてもらうなど、無邪気なほど上昇志向が強かった。叙爵祝いがドンチャン騒ぎになったことはいうまでもない。

日本人に限らず、人間にはどうやら貴種信仰があるようだ。アメリカ人の王室や貴族に対する憧憬の念は信じられないほど無邪気である。そのなかで、華族になることを終始拒んだ気骨のある人物もいた。その代表は原敬であろう。政友会を率いて山県有朋と争った原敬は、衆議院の議席を失うことを嫌がった。山県は、原が天皇の恩典を拒否するのも「尊王心」がないからだと政治的に風評を流そうとした。原は、山県をわざわざ訪れて自分が華族にならない真意を縷々説明しようとする。そこは山県もさるもの、原が口を開く前に叙爵にストップをかけておいたと機嫌をとる。原は山県から言質をとっても安心せずに、その一〇日後に再訪して自分に授爵しないようダメ押しまでした。

たいへんな執念である。原が華族になることを拒否した理由は、藩閥政治への憎悪と貴族的な物事への反感であろう。浅見氏は、「政治的というよりも生理的な情熱」だったと推測しているが、おそらく正しいだろう。薩長にしてやられた「賊藩」盛岡の出身者として、複雑な意地を持っていたことは確かである。偉いのは、芸者から直った浅子夫人である。原が刺殺された後も故人の強い遺志を尊重し、叙爵をついに辞退した。原はついに「平民」として葬られたのである。華族の問題は、立憲政党政治や大正デモクラシーを映し出す合わせ鏡としても考えるべきなのだろう。

等身大の大正天皇

大正天皇について誰でも思い浮かべる逸話は、議会での「遠眼鏡事件」である。開院式に出かけた天皇が詔勅《しょうちょく》を読んだ後、くるくると巻いた詔書を透かして眺めた仕種がまるで遠眼鏡で覗《のぞ》いたように見えたという。

しかし原武史氏は、『大正天皇』のなかで、この逸話にはどうも信憑性が乏しいと斥《しりぞ》ける。それどころか、大正天皇にまつわる事件は、ためにする話題が多い。自由闊達な天皇に危惧を抱いた山県有朋など元老たちが、明治天皇をモデルに裕仁皇太子（後の昭和天皇）を輔育するために大正天皇の「髄膜炎」をことさらに強調したのではないか、というのだ。明治と昭和という二つの時代の幕間として目立たない大正の歴史相を考える上でも、あるいは天皇制の歴史的意味を分析する上でも、重厚な書物が出されたものである。

原氏は、明宮《はるのみや》と呼ばれた大正天皇が自分の言葉で意志をはっきりと示す人物だったと主張する。明宮は、体力が優れないにもかかわらず地方巡啓をいとわず、沖縄を除く日本全土をほぼ歴訪し、病院では不幸な患者に言葉をかけ、陸軍演習の見学から抜け出し突然旧友を訪れた。

妃として迎えた九条節子（後の貞明皇后）と琴瑟《きんしつ》相和して、明宮が順調に体力や精神を回復していくプロセスも感動的に描かれる。妃のピアノ演奏に合わせて子どもたちと一緒に唱歌を楽しむ光景などは、平成人の家庭よりもはるかに円満な雰囲気を感じさせるほどだ。また、朝鮮語も熱心に学習し、李王家にも思いやりを示すなど、人としての優しい心根も月並ではない。

しかし、この明宮が何故に天皇になってストレスをつのらせたのであろうか。原氏は、市民たちと自由に交歓することで気分転換をはかり、気質の上でやや不安定な精神の回復をはかっていた点を強調する。天皇に即位すれば、もはや一般市民はもとより高官とも普通の会話ができなくなる。しかも、周りには朋友有栖川宮、大隈重信や原敬といった寵臣がおらず、山県などウマの合わない重臣が明治天皇をしきりに理想化する。これでは、ストレスがこうじるのも当然であったろう。

しかも、むごいのは元老や近臣たちが大正天皇の病弱ぶりをしきりに流したことである。原敬暗殺の直後、一九二一年十一月の宮内省発表は、「御脳力の衰退は御幼少の時御悩み遊ばされたる御脳病に原因する」と、現代人の感覚でも相当な人権の無視を平気でおこなう。裕仁皇太子の摂政への道を準備するとはいいえ、あまりにも露骨な表現であろう。政務が難しくなったとはいえ、天皇の意思を無視して侍従長が印鑑を持ち去る光景は、痛ましくなるほどだ。

原氏は、大正天皇という不幸な人物を等身大で描こうとしたのだろう。天皇制の賛否を論じようとせず、また善悪といった価値判断でもなく、歴史における個人の資質と役割について深いレベルで幅広い史料を渉猟《しょうりょう》しながら本書をまとめたのである。原氏は、大正天皇の死後、貞明皇后が朝夕必ず天皇の画像を安置した部屋に入った事実を紹介する。秩父宮は、皇太后が午前中の大部分をこの部屋で「生ける人に仕えるように……」過ごしたと証言していた。こうして皇太后は、昭和になってからの約二十五年を生き抜いた。原氏は、「皇太后の頑ななまでの態度の中に、世間にすっかり定着した大正天皇の評価に対する、静かな、しかし毅然とした抵抗の意志が、まぎれもなく現れている」と結んでいる。あるいは、それこそ夫の早世を招いたシステムへの抵抗だったのかもしれない。

北一輝の多面性

北一輝は二十世紀の日本が生んだ最も複雑な人物である。幼時に眼疾を患った後、右眼を失明した北は、独自の感性と鋭い知性を武器に日本政治史に大きな足跡を残した。しかし、大正から昭和にかけて日本と中国の双方で活躍した北の行動には、毀誉褒貶がつきまとい、その思想と真意はつねに論争の的となった。佐渡中学を中退して上京した北は、幸徳秋水や堺利彦らの社会主義と交遊を深めながら『国体論及び純正社会主義』（一九〇六年）を世に出そうとした。その一方、中国革命を援助する宮崎滔天《とうてん》との縁もあって、宋教仁らの民族主義革命派を援助し中国にも出かける。その結果、『支那革命外史』（一九一五―一六年）を出したばかりでなく、革命家の遺児を引き取って北大輝として育てたりもした。さらに、代表作『日本改造法案大綱』（一九二三年）を出版するや、西田《にしだ》税《みつぎ》などの信奉者を介して陸軍の青年将校に大きな影響を及ぼし晩年の悲劇を自ら招くことになった。

北一輝の交遊範囲は、岸信介や大本教の出口《でぐち》王仁三郎《おにさぶろう》から三井合名の池田成彬にまで及ぶ多彩かつ華麗なものであった。これほどの人物の生涯と思想を描くには、書き手の側にも相当な膂力《りょりょく》が必要となる。まさにこの点でも、松本健一氏の五巻本『評伝　北一輝』は、本格的な「評伝」の名にふさわしい大作である。氏の論点で重要なのは、天皇を国家支配の機関としてとらえる北が天皇を〝革命原理〟として使おうとしたという指摘である。三島由紀夫のいう「悪魔的な傲り」にほかならない。北は、「万世一系」の明治国体論がふりかざした「天皇の国家」や「天皇の国民」というイデオロギーを斥け《しりぞ》、「国民の天皇」という考えによって天皇と国民（軍隊）を直結させようとした。天皇を〝支配原理〟として国家運営をするのでなく、天皇を〝革命原理〟に置き換えて国家改造すなわち革命を実現しようと試みたのだ。これを担う力として徴兵制下の国民すなわち軍隊を掌握することは、北が中国ナショナリズムの革命から学んだと松本氏は語る。北が『改造法案』で「私有財産限度」を三百万に設定しており私有財産を認めているから〝反革命〟だという旧左翼的な見方に対しては、近代の個人主義が成功するには自由な経済活動が条件だとし、労働省の設置を要求するなど労働者の権利を尊重した姿勢こそ重視しなくてはならないと反論している。

北は、朝鮮を日本の「属邦」や「植民地」でなく「日本帝国ノ一部」だとし、日本人と朝鮮人が「異民族」として対等の立場にあるとも論じていた。皇太子（後の昭和天皇）暗殺を企てた朴烈《パクヨル》らが北の懐に飛びこんだのには根拠があったのだ。北の『改造法案』は石原莞爾の「東亜連盟」の昭和維新論とともに、戦前の朝鮮民族が辛うじて同意できた考えだという松本氏の説は検討に値するだろう。また、北に私淑した西田税はもともと、秩父宮と陸軍士官学校の同期であり、西田は日本の無産階級が「極度に虐げられて」おり、「げに、日本改造すべくんば天皇の一令によらざるべからず」と宮に語っていた。

北は二・二六事件の頃に三井から一年につき二万円（現在の二千万円ほど）をもらっていた。また、料亭で豪遊を重ねていた点も厳しく指摘されることが多い。しかし、カリスマとは革命のために「一切が許される」と考える非日常的な存在であり、信奉者たちを養うために財閥から生活費をもらっても「喜捨」のように考えるという。北は、二・二六が起こると安藤輝三大尉に「マル」（金）はあるかと電話で聞いている。大事にあたって金が必要だというのは、中国革命を体験した政治リアリズムに由来するのだ。しかも、このリアリズムは、日米戦争がソ連の参戦をうながし「世界第二大戦」につながり「破滅」を招くので断固回避すべきだという主張を生み出していく。これほどの現実主義者の北は、青年将校の決起を単純に煽動したわけではない。北は、青年将校らが外部の誰にも事態の収拾をあらかじめ頼んでおかなかったことを聞いて「しまった」と思ったらしい。北は、法廷にあっても、青年将校が自分の『改造法案大綱』を信じたという理由から極刑になったのなら、「青年将校を見殺しにすることが出来ません故、承認致します」と罪状を争わず、かれらと同じく死刑の判決を自ら求めたのである。松本氏の感想は多くの読者のものでもあろう。「ここには、じぶんのことを信奉してくれた青年将校たちとともに死に赴きたい、という北一輝の人間性が明らかにでていた」と。

北にとってせめてもの慰めは、裁判長の吉田悳《あつし》少将の公正さであった。吉田は、第一回公判で北について「柔和にして品よく白皙。流石に一方の大将たるの風格あり」と手記に印象を残している。法務官（検事）が死刑を求刑すると、事件の最大の責任者は「軍部とくに上層部の責任である」と暗に純真な将校たちを死に導いた真崎甚三郎大将らの野心に「許し難きところ」があると示唆したのだ。〝敵〟の裁判長や刑務所長からも信頼と敬意を寄せられた北の人間性と思想性を多面的に描いた伝記傑作といえるだろう。

竹内好の苦闘

中国文学者竹内好が一九六三年に書いた「日本のアジア主義」は、戦後思想やアカデミズムがタブー視してきたテーマの封印を解いた。アジア主義の理解は、まちまちである。竹内の表現によるなら、「反動思想として、膨張主義または侵略主義の別称」である一方、それを「広域圏思想の一形態」と考える者もいた。また、孫文やネルーのアジア主義といった個別のカテゴリーにならべて日本のアジア主義を扱う者もいた。

松本健一氏は『竹内好「日本のアジア主義」精読』において、アジア主義こそ、アメリカ民主主義への同化を形づくりながら、脱亜入欧の延長線上に位置した戦後日本に対する劇薬だという。氏は、竹内の歴史的論文を読みなおし、「西洋的な優れた価値」を「愛」によって東洋が包みなおすことで、「共生」というアジア的価値が浮かんでくると主張する。氏は、岡倉天心による「ヨーロッパの栄光はアジアの屈辱にほかならない」という現実認識や、「アジアは一つ」といったロマン主義的なアジア主義のもつ問題性を日本近代史の難問だったと考える。西洋近代を理論型とした日本近代史の難問を考えるために、孫文と玄洋社の頭山満との出会い、中野正剛と「大東亜共栄圏構想」とのつながりを明らかにしながら、竹内の提起をとらえなおすのだ。

松本氏は、アジア主義がいちがいに中国に対する侵略につながるとは断定しない。「日露戦争はたしかに、ロシアの侵略を防止する一面をもっていたからである」。日露戦争を全面的に肯定する頭山満の思想は、その部分で中国に「連帯」するものだったという。ここで氏は、「そもそも『侵略』と『連帯』を具体的状況において区別できるかどうかが大問題である」という竹内の言を引く。そのうえ、西郷隆盛が生きていたなら、「日支の提携なんぞは問題じゃない」「アジアの基礎はびくともしないものとなっていた」という頭山の議論をも、孫文の思想に通底するものとして紹介している。

かつて東方会の中野正剛は、上海、香港、シンガポール、ペナン、コロンボというアジアの港にひるがえっていた英国旗を眺めて憤慨したものである。しかし、彼も正当化に一役買った「大東亜戦争」の現実がユニオン・ジャックを日の丸に掲げ替えただけにすぎない点も否定できない。大西洋憲章に対抗して発表された「大東亜共同宣言」は重光葵外相による苦心の作であったが、竹内はそれを「アジア主義からの帰結、または偏向」として斥《しりぞ》ける。松本氏も、「大東亜戦争」が一切の思想を「無思想化」していったと説く竹内に賛意を示すかのようである。西郷評価の問題が最後にゆきつくのは、アジア主義の問題というよりもナショナリズムの問題だという松本氏の指摘は鋭いだろう。その重ならない部分は、アジア主義のもっている原理主義（ファンダメンタリズム）の要素ではないかと推測する。

西郷隆盛は、ナショナリズムを原理主義的に引き取ろうとし、日本すなわちアジアという文明の「原理」の地点から、西欧近代を否定しようとしたというのだ。それにしても、竹内の論文が一九六三年に出されたのは象徴的である。その翌年に東京五輪が開かれ、日本はアジアから大きく欧米に向けて舵をとり高度成長への道を驀進《ばくしん》するようになった。さらに、アジアも「屈辱」の文脈でなく、「繁栄」の道筋で理解されるようになってきた。欧米支配の悲劇を味わったアジアの人民と、竹内を含むアジアの思想家の苦闘を知るために、とくに若い世代に読んでほしい好著である。

二・二六事件の検証

二・二六事件については、語り尽くされたと考える人が多いかもしれない。しかし、一九九三年に東京地検で発見された正式裁判記録は、事件の謎を新たに解き明かす手がかりを与えてくれた。北博昭『二・二六事件全検証』は、二・二六事件に参加した将校について、①主動組②快諾組③自然受諾組④慎重組⑤引き込まれ組、の五グループに分けて考察している。なかでも、歩兵第一連隊の栗原安秀中尉の「時々駄法螺《だぼら》をふき、又豪傑ぶる癖」や「大言壮語」が他の将校を引っ張る結果になった点で、栗原の「責任はあまりにもおおきいこと」を指摘する。さらに、これまで漠然と信じられていた重要人物の発言や振る舞いにも疑問を投げかけている。

とくに「安藤起てば歩三起つ」の安藤輝三大尉は、「誠実」「温情」で下士官・兵士から敬慕されたと信じられてきたが、どこか「直情径行で身勝手になる」面もあったのではと新解釈を示す。歩兵第三連隊の大量動員にしても、安藤が「夜の連隊長」こと「週番司令」だった点が大きいとクールな説明をする。統一した指揮命令系統や最高指揮官の欠如など、軍組織のクーデターにしては、あまりにも杜撰《ずさん》な実態にも驚くほかない。

また、昭和天皇は最初から反乱軍に毅然とした態度をとったわけでもない。天皇の態度は、木戸幸一内大臣秘書官長、湯浅倉平宮内大臣、広幡忠隆侍従次長らの宮中グループの強硬策献言に動かされたことが大きい。つまり、この宮中グループを過小評価していたミスが、二・二六事件挫折の原因につながったのだともいう。参謀本部第二（作戦）課長の石原莞爾大佐は、事件を「最初からハッキリ」と反乱と断じ、「軍旗をもってきて討つ」と述べたと考えられてきた。しかし北氏は、石原が「ハッキリ」討伐の線を打ち出すのは、二月二八日であり、それまでは「傲然《ごうぜん》さもなく青年将校との会話でも「判らぬ」「何とも考えて」いないと歯切れが悪いのだ。そのうえ、占拠中の陸軍大臣官邸の「玄関に『しょんぼり』立って」いた石原の姿が目撃されている。それでも、討伐を決意した石原の意志力があってはじめて、「叛乱《はんらん》軍の降伏」がありえたといってよい。ある戒厳参謀は、石原が「躊《ため》ろうことなく、実力をもって解決しようとした決意と実行力とに負う所が多いと思う」と述べている。

北博昭氏の厳密な史料解釈のリアリズムには驚かされる。「陸軍大臣より」なる大臣の説得文に付された表題が「陸軍大臣告示」なる広義の命令あるいは公式の告知にすりかわっていく事情の説明などは、謎解きのスリルさえ感じさせる。また、叛乱と反乱の差異は旧字と新字の違いではないのだ。陸・海軍刑法には「勅命に抗した」罪すなわち「叛」にあたる罪の規定はなく、この事件は「反乱罪」なのである。しかし、陸軍当局は武力鎮圧に踏み切った二九日午前九時以降は「叛」を使い、「勅命」に抗する「叛徒」や「叛乱部隊」のイメージを強調した。皇道派の真崎甚三郎大将を「黒幕」ではないとする主張も実証作業の産物であろう。また、反乱者を裁いた東京陸軍軍法会議は「暗黒裁判」には当たらないとも断言する。それは、「特設軍法会議」である以上、非弁護・非公開・一審終審制は〝あたりまえ〟であり、「闇」とか暗黒と評するわけにはいかないというのだ。事件の首魁《しゅかい》と目された北一輝や西田税《みつぎ》は「あきらめ」や「無力感」もあって、事実に反して青年将校と運命を共にしようと次第に諦念《ていねん》にひたる。このあたりの淡々とした描写は、事件のもの悲しい断面をさりげなく穿《うが》っているといえよう。

ある軍法務官の日記

軍隊は兵科だけでは成り立たない。戦前の帝国陸軍もそうであった。しかし、主計や軍医、獣医はともかく、法務となると存在さえ知らない人も多いだろう。軍の紀律維持を目的とし、軍法会議判士（裁判官）ともなる法務官は、陸軍刑法に依拠して、甘粕正彦大尉による大杉栄惨殺事件や二・二六事件をめぐる裁判でも独特な役割を果たした。

『ある軍法務官の日記』の著者小川関次郎は、二つの事件や陸軍省永田軍務局長を刺殺した相沢中佐事件の審理を担当した生粋の法務官であり、昭和十三年三月に中将相当官で退官した。第十軍法務部長だった彼の日記は、昭和十二年十一月の杭州上陸に始まり、南京占領を経て、退官にいたるなかで戦場の悲劇や犯罪を軍法の専門家としてどう見たのかという点で興味をそそる。

いわゆる南京事件は、昭和十二年十二月、十二、十三日の南京陥落後に起きているが、軍紀の紊《びん》乱《らん》や退廃はすでに南京占領前から生じていた。小川法務官は、悪質な軍紀違反や国際法侵犯について上陸直後に参謀長に意見を述べていたが（十一月十六日）、まもなくある商店を略奪した下手人が日本兵であることを知り、「実ニ言語道断トイフノ外ナク驚クニ堪ヘタリト」と語る。「犯罪予防ニ就テノ件通牒」をつくっても、悪しき風潮は収まらなかった。十一月二十三日の項には、強姦、略奪・放火に及んでも「悪事ト認メズ実ニ皇軍トシテ恥ズベキコト言語ニ絶ス」と語る。

将来、日本の中枢になる青年男子がこうした「心理風習」にそまったまま帰国するとなると、今後の日本全体に及ぼす影響はどうなるのか、「慄然トシテ粟膚《ぞくふ》ノ感ニ堪エズ」。中国人が日本兵を「猛獣」「獣兵」というのも当然かもしれない、というのだ。「悪質想像以上ノコト」とか「日本人トシテハ慨嘆ニ堪ヘズ」といった告白に続いて、戦後の外交当局者の苦労が思いやられると同情もする。十二月三日現在で、軍法会議開設以来、十件十九名の審理をおこない、十二月に入って中支那方面軍の「軍律」「軍罰令」「軍律審判規則」を発令させているが、軍紀の紊乱がそれでやまなかったことは南京事件の悲劇が示すとおりである。

しかし、南京大虐殺を思わせる情景については、意外なほど描写が少ない。わずかに、占領翌日の十四日に「陣地ニハ多数ノ支那人斃レタルヲ見ル。中ニハ十数人モ重ナリ合フ死体アルヲ見ル。即チ累々タル屍山ヲ為ストモ言フベキカ」とあり、惨状が記録されているくらいだ。

「又路傍ニハ支那正規兵ガ重ナリ合ヒソレニ火ガ付キ盛ニ燃エ居ルヲ見ル。日本兵ハ全ク足下ニ死骸ノ横タハリ居ルヲ見ナガラ殆ド何トモ感ゼザルガ如ク、中ニハ道一杯デ歩行出来ザル為、燃エツツアル死体ヲ跨ギ行ク兵ヲ見ル。人間ノ死体ナド最早何トモ感ゼザルガ如シ」。

法務官として作戦後に入城視察したとはいえ、遵法精神を強調する小川にしては、南京事件の情景に触れないのは訝《いぶか》しい。いわゆる大虐殺は日記で故意に秘匿しているふしもない。だとすれば、小川は事件の起きた戦場や市街地の惨状を見ていないか、悲劇の発生そのものを知らなかったことになる。この点については、日記を読む限りどちらとも断定できないが、いわゆる虐殺の実相を考えるときに小川の言葉にも耳を傾ける必要があろう。

日記には、中国の風俗への関心、軍律を犯した将校たちの精神分析や尋問、方面軍司令官松井大将への批判、兵科に対する法務部の意地も記述されており、特異な日本人論・戦争論としても興味が尽きない。

終戦史の真相

先の大戦を回顧する際、当時の関係者のなかには、どうも陸軍悪玉・海軍善玉といった思い込みの強い人が多いように思える。少なくとも〝陸軍幼年学校生徒は視野が狭く常識に欠け、海軍兵学校出身者は英語教育を受けていたので教養と常識に富んでいた〟と語る海軍関係者に少なからず出くわすことがある。

しかし、最近出されたばかりの高原友生氏の『**悲しき帝国陸軍**』は、明治天皇の死後、ロンドン軍縮会議（一九三〇年）のあたりから、海軍による政治への干渉がみられたことを強調している。統帥権問題という帝国憲法のネックを最初についたのは、むしろ海軍のほうではないかというのだ。この指摘は、著者が陸軍士官学校の出身者だったこともあり、幾分差し引いて考える必要もあろう。しかし、陸軍の一手専売と思いがちな情報操作や世論工作については、海軍もなかなかに負けていなかった。

二〇〇〇年の夏休みに軽井沢で読んだ新刊の大作、伊藤隆編『**高木惣吉　日記と情報**』をのぞくと、大戦末期に海軍省を中心に行なわれた終戦工作の様子をかなり詳しく知ることができる。というのも、高木惣吉は、海軍における調査、情報収集、政策立案、政界工作、陸軍との接触などに従った情報将校だからである。高木は明治二六(一八九三)年に熊本県に生まれ、苦学力行の後、海軍兵学校(第四三期)、海軍大学校(第二五期)を経て海軍少将となり、大戦末期には軍令部出仕兼海軍大学校研究部部員の閑職に移って密かに終戦工作にあたった人物である。敗戦後の東久邇宮内閣では、内閣副書記官長(現在の官房副長官)として敗戦処理にあたっている。

彼の活動については、これまでもいくつかの書物で語られており、『高木惣吉日記』でも事績が知られていた。しかし、この日記には、肝心の昭和一五・一六・二〇(一九四〇・四一・四五)年が欠落しており、高木の情報将校としての全貌は隠されたままだったのである。今度の『高木惣吉日記と情報』は、高木の未公刊日記を中心に、手帳やカードに記された情報・記録をまとめたものであり、昭和史や終戦史にかかわる超弩級史料といってよい。

日記やカードを読むと、興味深い事実が次から次へと浮かび上がってくる。陸軍の一部にみられた大陸(新京)遷都構想、辻政信参謀による三笠宮奉戴運動、陸軍の国防軍提案といった敗戦確定を前にした動きが紹介されているだけではない。外務省条約局が作成した極秘の「研究輯録」(昭和二〇年二月)なども収められており、無条件降伏や占領や軍閥解体に関する連合国の動向に触れた外務省の大胆かつ的確な分析も知ることができる。

なかでも一番興味深いのは、陸軍に関する情報収集がすこぶる周到を極め、陸軍首脳の派閥構図や中堅将校の人物月旦や人事予想などに詳しい点であろう。たとえば、終戦の半年前、昭和二〇年

（一九四五）年一月三一日には、陸軍の小畑敏四郎中将との対談で得た情報をまとめている。ミズーリ号で降伏文書に署名する参謀総長梅津美治郎については、「梅津トイウ男ハ、非常ニ思慮深イ冷厳且消極陰性ノ人物デアル」と語り、いくつかの秘話も紹介する。また、小畑による東條英機側近の佐藤賢了や富永恭次についての感想は、高木の記録に値するほど的確な評言であった。佐藤は陸大では「ズルイ」から恩賜の軍刀をやれぬ、と小畑ら教官が語ったほどの手合いであり、富永も似たようなものだ。「今日ノ陸軍ノ人事ハ実ニ不思議ナ者ガ要職ニ就イテイル」。こうした種類の文書が多いのは、終戦派の海軍首脳が敵国以上に陸軍の動静如何を降伏決定のキーとなる要因と考えていたからであろう。

同年二月二〇日には、小磯国昭首相について、ほかならぬ内閣書記官長の広瀬久忠がぼやいた内容を記録している。「総理ガ駄目ダ。断ガナイ。意見ガ対立シタトキ裁断ガ出切ヌ。誤魔化ス。ボカス」というのだ。海軍大臣の米内光政大将については、「米内サンハ解ラナクテモ、自分ノ信頼スル人ニ旗ヲ上ゲテ決断ヲツケル」。それに比べると、「小磯ニハ夫レガ出来ヌ。頭ガヨクテ、悧巧ダ。無シ《ママ》悧巧デハ戦ハ出来ヌ」。自分はもうこれではダメだと見切りをつけた。「考ヘルトツク〳〵泣ケテ来ル気ガシテキル」。広瀬のぼやきはまだ続く。「ヤル約束デ這イツタガ、駄目ダ々々々」。

痛切な記事はあちらこちらに目立つのだ。もちろん、高木自らの戦局不利の要因分析も見受けられる。たとえば、二月一日の項を見てみよう。

「我ガ作戦不利ノ最大原因ハ、政治的最高戦略貧弱（寧ロ欠如）ニ帰ス。然ルニ其ノ救済策トシテ、我ガ戦争指導責任者達ノ考慮スルトコロハ、常ニ事務的、技術的、戦術的補強政策ヲ出デズ」。

たとえば、と陸軍による道州制の主張や各省機構「イヂリ」はじめ、「国防一元化ノ狂言的主張ニヨル海軍ノ併合」、「統帥一元化ノ看板ニヨル軍令部ノ併合案」を批判する。しかし、陸海軍一体化は、戦争の最終局面においては、燃料や資材の補給などの面で必ずしも「狂言的」とはいえないプランであっただろう。このあたりは、やはり高木も海軍第一主義と無縁ではないのかもしれない。

また、同年三月一三日に、高木がおそらく米内海相に提出したとおぼしき「中間報告案」なる終戦工作への方策を見ると、「非公式打診」の名目でスウェーデンとソ連への「並行工作」を行なうことが提言されている。もっとも、「冷酷ナル現実主義ニ立脚スル世界政策」をとるソ連に対する期待感は、陸軍と違って乏しいのだ。

「若シ帝国ノ情勢甚ダシク悪化スルニ於テハ、対日政略的圧迫ヨリ武力干渉、兵力進駐、基地貸与、対日参戦ノ挙ニ出ル算ナシトセザルモ、右ハ蘇ノ対米英関係ト東亜戦局ノ現実的条件ニヨリテ決セラルベシ」。

面白いのは、ソ連に接近する政策の得失を列挙していることだ。プラス点は、米英蘇の世界政策は永続性が乏しいので、将来アメリカに対する復讐の共同戦線をはることもできるし、国民のあいだにも中立関係にあったために、ソ連に「怨恨少シ」というのだ。マイナス面は、「冷酷ナル物々交換、現金取引主義」なので、こちらから具体的利益を与えないと片面的な負担に終わる可能性が高いという指摘。さらに、ソ連の対外政策の特徴をよく理解している個所もある。「国際信義ニ乏シク、且大陸ニ於ケル我ガ膨張政策トノ軋轢ハ感情的ニモ清掃シアラズ、友好関係ノ永続安定性乏シ」とは、日ソ中立条約の無視と対日参戦の将来を見越しているかのようである。

いずれにせよ、高木惣吉はじめ海軍首脳は、ソ連による和平仲介に格別の信をおいていたとはいえないのではないか。二〇〇〇年の終わりが近づき、日ソ平和条約調印の可能性が不透明になりつつある近頃、格別の感慨をもって読んだ書物である。

ロシアと日本

日本とロシア（ソ連）を「遠い隣国」にした理由は何であろうか。これが『遠い隣国　ロシアと日本』を貫く問題意識であり、叙述の柱ともなっている。著者の木村汎氏は、ソ連の対日イメージの特徴として、二つのパーセプション（認識）の混合をあげる。

第一は「安全保障、軍事面における日本蔑視とさえ評しうる日本の過小評価」であり、第二は「経済力、科学・技術力、そしてアジア・太平洋地域において発言力および影響力を増大しつつある」日本への高い評価にほかならない。前者の立場に依拠するなら対日政策は対米戦略の一環となり、後者の主張に従うなら独自の対日政策を形成することになる。日本とソ連（ロシア）にとって不幸だったのは、ゴルバチョフ以前のロシアが前者の観点を尊重した点にある。木村氏は、これこそ両国が「遠い隣国」になった大きな要因だといいたいのであろう。

『遠い隣国』は、歴史的アプローチと政治学的構造分析を巧みに結びつけながら、戦後の日ソ関係あるいは日露関係についてゴルバチョフの登場を画期として位置づけた力作である。おそらく木村氏のライフワークとして、読書界でも高く評価されることになろう。なかでも、いま一番読まれるべきなのは、第9部「領土紛争解決のための必要条件」にちがいない。氏は、第3章において、ソ連が領土問題を「解決ずみ」で「存在しない」という立場に固執した根拠として、「戦争が国境を決める」「第二次大戦の結果は不動」と信じていた点をあげた。第9部においても、三つの疑問を手がかりにこの問題に再接近している。日本のもつ巨大な経済力を何故に領土返還に生かせなかったのか、他国には領土を割譲したロシアが何故に日本には返還しないのか、ロシアにおける北方四島帰属の決定権は誰に属するのか。

まず氏は、経済の相互補完性は互いに低く、貿易パートナーとなったにしても、日本人の反露感情を和らげるものではなかったと歴史を振り返る。ゴルバチョフもエリツィンも、日本人の宿願である北方領土問題を過小評価し真剣にとりくまなかったことが、日本におけるロシア人気を低めたという指摘は当たっているだろう。しかし、対ソ連援助を伴ったドイツ統一にならって、日本もカネで北方領土を返還させられなかったのかという問題提起については、その短絡を厳しくたしなめる。ドイツの場合は、冷戦終結という時代の大きなうねりのなかで既成事実が先行したのだ。もし統一をバーニングの材料にしていたなら、はるかに「膨大な額の経済的補償」を手にいれていただろう。すべてをカネで解決したという非難こそ、ゴルバチョフの恐れていたことなのである。

ウクライナに対するクリミア半島の譲渡は、そのNATO参加を牽制する安全保障上の配慮であり、中国との河川国境の画定はそれまでに存在した国境の「再線引き」であった。日本との国境交渉のように、「新しい線引き」ではないというのだ。しかし日本は、サハリン南部や十八のクリール諸島に対する権利を放棄しながら、「主張をギリギリ最小限の線にまで絞りこんで」北方四島返還交渉を求めている以上、ロシア得意の「パパラム（折半）方式」をとりえるはずもないと明快な説明もなされる。また中露の「共同利用」方式にならって、日露も「共同経済開発」をしてはという声については、ロシアが四島を自国に留めながら日本の協力だけを利用して開発するにすぎない、つまり、ロシア側にとって「二重に虫の良い提案」なのだと批判する。

北方四島は、本土から給料、燃料、食料が届かず、漁船用のディーゼル油も欠乏しているために漁獲高が極端に減ってしまった。このせいもあって、住民たちは北海道との結びつきを強めるようになった。木村氏は、やがて四島が日本円を基軸通貨とする「根室あるいは北海道経済圏」に入る可能性さえ示唆している。氏によれば、連邦やサハリン政府の無関心ぶりに業をにやした島民たちが、領土問題の解決を先送りしてきた中央の伝統戦略に転換を迫るかもしれないという。

木村氏は、ゴルバチョフも「領土問題の先送り」を「対日戦略の根幹」にしたと断言する。国境線交渉をゼロ・サム・ゲームとするのではなく、広範囲の交渉に広げながらポジティヴ・サム・ゲームに転換しながら、北方領土返還だけを自己目的化する見方を改めるように提言もする。もっともな指摘であろう。また、米国を「善意の仲介者」として日露関係に積極的に関与させてはという大胆な政策提言も用意している。

橋本龍太郎首相とエリツィン前大統領との間には、両国関係をめぐって「共同学習」から「相互学習」に進むかに見えた瞬間もあったが、それは希望的観測にすぎなかったのだろうか。小泉純一郎総理とプーチン大統領は、「遠い隣国」たる二国を「近い隣国」に変えられるのだろうか。すぐれて現代的な問題点を考える上でも、膨大な文献の博捜に基づく九四〇ページの大著は有益な示唆を与えてくれる。

異文化の理解

異文化理解には三つの段階がある。第一は「信号的」なレベルと呼ばれ、自然な事柄として互いに人間であれば分かりあえるコミュニケーションの段階である。第二は「社会的」なレベルであり、ある社会の習慣や取り決めを知らないと文化を異にする相手も異社会も理解できない。第三は「象徴的」なレベルであり、文化の中心部のことで外部の者には極めて理解しがたい世界を指している。この三レベルは、総体として異文化を形づくっている。

この文化の全体性の中にさまざまな要素が組みこまれて、人びとの言葉と行動に意味づけをしていると青木保氏は『**異文化理解**』で言うのだ。象徴のレベルの理解はむずかしいが、複雑な理解の段階を一つ一つたどることを意識しながら、異文化を理解する以外に近道はない。ある文化に特有の現象が、外の人間の考える理屈とか常識になじみがないのは当然であろう。

興味深いのは、青木氏が現代文化の条件として「混成」をあげている点である。アジアの異文化を理解するために必須の混成という概念によせて、著者は四つの文化的な時間が流れていると指摘する。第一は、日本文化の神道のように、それぞれの地域や土地固有の文化的な時間、土着的時間である。第二は、アジア的文化の時間である。これは、大陸から日本に渡ってきた仏教や儒教や漢字など、南アジアや東アジアの古代文明に発する文化的な時間にほかならない。第三は、西欧や近代の文化、つまり「近代化や工業化を促す時間」である。これはダイナミックな「直線的な時間」だというのだ。第四は、これら三つの時間の「総和」に成り立つ「現代的な時間」がある。

青木氏は、三つの文化的な時間をいかに組み合わせて現代文化をつくるのかという点に、アジアの文化の違いと個性があると強調する。その混成の仕方に目を向けることが異文化理解の手がかりになるという指摘は、アジア以外の地域における「混成」を考える時にも参考になるだろう。

思想課題としてのアジア

アジアという名称は、そこに住む人びとの内部から生まれたものではない。それがヨーロッパ人の創り出した地球上の区分によって、与えられた空間の名前であることは存外に知られていない。しかし、外から与えられた枠組みを受け入れながら、それを欧米という異域の圧力と対峙するための基本空間として、自らのものとしてきたダイナミックな試行も、アジアという表現にこめられている。

『思想課題としてのアジア』は、アジアの一見孤立しているかに見える個別の事象を複数の観点から眺めることで、アジアのもつ重層性とズレを明らかにしようとした。この意欲的な目的のために、著者の山室信一氏は基軸・連鎖・投企という視角を導入するのである。こうして、山室氏は「アジア認識の基軸」として、文明・人種・文化・民族などを多面的に眺めることになった。その後に、日本・中国・朝鮮の「西学」による「アジアにおける思想連鎖」を確かめながら、「投企としてのアジア主義」について外交を含めながら多面的に考察している。その関心には、ヒンドゥーイズムやイスラームも含まれており、氏の博識と旺盛な知的関心は読者を驚かすに違いない。

山室氏は、アジアという歴史空間の近代における位相を次のように明らかにした。まず、脱亜とアジア主義は対立していたのではなく、脱亜を進めていくことがアジア主義的な主張をさらに昂進させていったという。氏は、その差異について、「実力のある国家間の競争によって自立できない政治社会を植民地化していくという政策原理」と、「アジアという地域にあることや黄色人種としての人種的・文化的同質性を掲げて植民地を拡張していくという政策原理」のいずれが、日本にとって、より抵抗が少なく需要されるかという選択の問題にすぎなかったという主張する。近代日本は、アジアの人びとの心情や感情についてはあまり考えなかったというのだ。

この点で、日本はいつもアジアと西洋が一対となった「合わせ鏡」に自らを映して、「自惚れと自己卑下との像」のなかで〝真正なる自己〟を見いだしたという指摘は、真実の断面を剔《えぐ》っているだろう。なかでも、日本が自己の使命感を投影するための空間としてアジアを呼び起こし、ある時には「西欧文明の魁《さきがけ》」を自負し、別の時には「興亜の盟主」としての自意識を強めたという主張は、決して間違っていない。

山室氏は福沢諭吉の脱亜論にしても、中国を侮辱の対象としたという年来の見方をとらない。むしろ、中国が潜在的に発展の可能性をもっている点に福沢は脅威を感じていたというのである。福沢に言わせるなら、中国が国民国家として成長するのは、「東洋の文明国を以て誇称する日本人民のためには誠に喜ばしきことに非ざる」のであった。中国の欧米化に対する日本の危機感を強調するのは氏が初めてではないが、次のように鋭い洞察力にこの書物の真骨頂があるのだ。

「福沢が中国に対して抱いたこうしたアンビバレントな思いは、アメリカと中国の狭間にあって自らの固有性を想起せざるをえない二一世紀の日本人にとってより切実に実感されることになるはずである」。

『思想課題としてのアジア』のもう一つの大きな意味は、一九一七年に新渡戸稲造が触れた「精神的植民」の観念に触れたことだ。二十世紀以降の歴史において文化や思想のもつ精神性による内面的要素こそ、国際政治を動かす「決定的要因」になることを確認している。この意味について、山室氏の考えを引用しておこう。

「新渡戸稲造が二十世紀に発芽したと述べた精神的植民の問題は、植民地そのものが消滅した二一世紀においてこそ、文化の『真正さ』や『固有性』による自他の境界づけとは何かという問題と絡み合いながら」、精神的な自立性にかかわるアイデンティティの危機として現れる。

「それは、ポストコロニアリズムにおける文化やアイデンティティへの注視とも繋がり、さらには二十世紀末からのグローバリゼーションとそれへの抵抗・異議申し立てとしての民族・文化・宗教問題の噴出として、すでに眼前の問題となっている」。この指摘は、本書が膨大な史料の読破とスケールの大きな実証を試みているだけに重みをもっている。

山室氏の最終的関心は、「欧米化した社会が喪失したものを恢復する希望態としてのアジアを実体化する」点にあるだけでなく、「人類文化の最前線を疾走する可能性としてのアジアを希求するという思考実権としての試み」を繰り返す点にあるようだ。

Ａ５版八〇〇ページを越える思想史の大著であるが、随所に書物や地図の写真が挿入されていることもあって、学術書にありがちな退屈を感じさせない。充実した内容を満喫した読者にとって、価格も決して高くはないだろう。

密約外交

外交の民主性と交渉の秘密性との関係は、まことに悩ましい。新聞ジャーナリズム出身の中馬清福氏も『**密約外交**』で、「国際情勢はきれいごとだけでは動かない」ことを認める。そのうえで、「民主主義に密約はなじまない」としながらも、必要悪として「密約の締結で乗りきらざるを得ないときが無いとはいえない」と強調もするのだ。

しかし中馬氏は、その条件として二点をあげる。第一は、国家間の密約であっても、「いずれ公開」の原則をつらぬくことである。第二は、交渉から妥結にいたるまで、石橋をたたいて渡る慎重さと粘り強さが外交当局に求められるというものだ。

戦前の大日本帝国の外交では、あらゆる国との間に密約を伴う取り決めが結ばれた。韓国併合、日英同盟、日独防共協定などの裏面にひそむ密約の数々は、本書でも丁寧に紹介されている。これとは対照的に日本の戦後外交史における密約は、対米関係に集中している。なかでも、日米安保条約の改定交渉において、米国または米軍が絶対に譲れないとした問題は、二つあった。それは、核兵器を搭載した艦船や飛行機が自由に日本に出入りできる弾力性と在日米軍の移動の自由が確保されることであった。一九六〇年の安保条約改定にあたっても、朝鮮有事の際、在日米軍は事前協議なしに自由に発進できるという密約が結ばれたらしい。しかし、この事前協議制という「独立国家同士らしい、腫瘍の摘出にもきわめて有効な、すぐれたシステムを構築しながら」、それを上手に使うどころか、結果としてアメリカに押しまくられて「有事無益のもの」にしたと氏は語るのである。

中馬氏によれば、ある内閣が密約を結んでおきながら、驚くべきことに国民や次期内閣に内容を引き継がないこともあるらしい。一九六〇年の密約は、岸信介首相を継いだ池田勇人首相や大平正芳外相も熟知していなかったようだ。大平は、ライシャワー大使の強い姿勢に押されて、核兵器搭載の米艦船や航空機が日本の領海や港湾に立ち入ることを「公式」に容認している。これは、密約が十分に機能したことを示した点で、米国には「朗報」であったという。

沖縄返還についても、密約が話題になった。一つは、非常事態が起きた場合、沖縄に核の持ち込みを認めたものであり、佐藤栄作首相の密使を務めた若泉敬教授の回顧録『**他策ナカリシヲ信ゼムト欲ス**』で知られるようになった。

もう一つは、米国は施政権返還に伴い日本に米軍施設や設備の代償を求めた時、返還土地の原状回復補償費四〇〇万ドルを米国が支払うことも返還協定は明記していた一件に関連する。しかし、米国はどういう訳か支払いを拒否し、いわゆる「感謝費」の名目で日本に振るという高姿勢に転じた。困ったのは日本政府である。そこで密約が結ばれ、原状回復費を事実上日本が肩代わりすることになった。福田赳夫外相らは頭から密約を否定したが、社会党は公電の写しを入手して政府を追求した。

その際、公電を持ち出した女性の外務事務官と新聞記者が国家公務員法違反で逮捕され、起訴、有罪となった。問題は、「二人の男女関係」に大きくすりかえられ、密約の有無や是非といった肝腎な点は忘れ去られてしまった。この時の社会的雰囲気は、いまだに記憶している人も多いだろう。

二十世紀後半の民主主義の時代に、密約の相手が米国だけというのも不思議なことである。次のような中馬氏の疑問にも根拠があるといえよう。「外交・防衛面では一貫してその国に過度に依存している原状は、よく考えると、かなり不気味で不健全とすら言えることではないか。その上、日本政府は密約の存在そのものまで否定し、不気味さ不健全さを増幅させている」と、しかも、米国が一定期限を過ぎた文書の公開に積極的なのに、日本はどうも外交文書の公開に消極的なきらいがある。国民や議会への説明責任を軽視する傾向の現れでなければよいのだが、やはり戦前の「帝国外交」に見られた高踏的性格が抜けきらないのであろうか。国民への説明を回避するあまり密約締結で逃れようとするならば、中馬氏もいうように、相手国に足元を見られて国益重視の外交ができないのではないか。氏の危惧にはもっともな点が多い。

一九六〇年の安保条約改正交渉の前には、日本がいま以上にむずかしい立場におかれていたにもかかわらず、「米国に言うべきことを言う気概の外交官が日本にもおり、相手も真剣に対応を検討している」。ところが、事前協議や沖縄返還をめぐる密約が「量産」されたあたりから、対米外交がとみに活気を失ったという。中馬氏の考えを忖度するなら、健全な愛国心に富んだ気骨ある外交官出《いで》よというあたりであろうか。国民各層はもとより、とくに二十一世紀日本を担う若い外交官たちにも読んでほしい書物である。

わかりやすくスマートな白書

『**平成14年防衛白書**』でいちばん注目されるのは、9・11テロや特措法成立以後の自衛隊の活動と、不審船と武装工作員の事案に対する自衛隊の対応の二つであろう。白書は、安保理決議1368号との関連で同時多発テロに対する措置として次の四点を強調する。①テロに関連した措置をとる米軍などへの医療・輸送・補給支援活動を実施するための自衛隊派遣、②日本国内の米軍施設・区域と重要施設の警備強化、③情報収集をする自衛隊艦艇の派遣、④人道支援の可能性を含めた難民支援。

なかでも、護衛艦や補給艦や掃海母艦など自衛隊艦艇のインド洋派遣は、「テロリズムとの戦いをわが国自らの安全確保の問題として認識して主体的に取り組む」という政府方針に基づいており、小泉内閣の驚異的な支持率を背景に実現されたものである。イージス艦の派遣は見送られたが、その事実や背景については触れられていない。むしろ何らかの言及はあった方が自然であろう。

テロ特措法によって可能となる活動は、協力支援、捜索救助、被災民救援の三つである。二〇〇二年六月末までに、協力支援活動として米軍艦艇などに行った補給回数は、のべで八七回、補給総量は約一五万一千キロリッターとされている。カラー写真入りの「コラム」は、装いを新たにした白書の特徴であるが、洋上補給についても分かりやすく説明している。

「この洋上補給は大型艦艇四〇～五〇mの間隔で一～五時間並走しながら燃料などを受け渡す作業で、艦艇の運用作業の中で最も高度な技術を要求されるものです。派遣された部隊は、灼熱のインド洋というわが国周辺海域とは気候の異なる海域で、姿の見えないテロの脅威を警戒しつつ約四か月の長期にわたって、人員や機器のトラブルにより任務を中断することもなく、日々の訓練と同様の働きを示し、与えられた任務を完全に果たしました」。

極度の緊張と集中力を強いられる隊員たちの勤務手当の安さは、もはや伝説的でさえあるが、白書には当然その種の言及はない。高い規律と任務の遂行力についても格別おごることもないのだ。自衛隊員たちはテロ特措法の目的を理解し、国際社会における責務を自覚していると淡々と記述しているのが印象的である。

二〇〇一年一二月二一日に九州南海域で生じた北朝鮮籍の工作船事案は、白書の印刷段階ではまだ不審船という表現が使われていた。この事案に際して、情報処理や海上保安庁との連携などについて、いくつかの問題点が指摘された。白書は、次の四点の実施に留意すると強調する。①滞空中の哨戒機から画像を基地に伝送する能力を強化する、②早い段階から内閣官房、防衛庁、海上保安庁間で不審船情報を共有する、③工作船の可能性の高い不審船については自衛隊の艦艇を派遣する、④遠距離から不審船に正確な射撃をおこなうための武器整備をする。今回の金正日総書記による拉致事件や不審船事案に関わる陳謝を考えるとき、この四点は正しい理解と洞察力に基づいていたといえよう。

それでも、武器使用について厳格な歯止めを強調している点は注目しておきたい。一九九九年の能登半島沖、北朝鮮工作船事案の教訓を踏まえて海上警備行動が発令される場合、海上自衛官は、不審船が抵抗あるいは逃亡しようとした場合にどうするのか。「その船舶の進行を停止させるために他に手段がないと信ずるに足りる相当な理由のあるときには、その事態に応じ合理的に必要と判断される限度において、武器を使用することができ、その結果人に危害を与えることになっても、法律に基づく正当行為と評価されることとなる」。これはまた、何という丁寧な説明であろうか。

また、「冷戦の終結後、核・生物・化学兵器（大量破壊兵器）及びその運搬手段の世界的な移転・拡散が新たな脅威として懸念されている」現状についても語られている。陸上自衛隊は、核・生物・化学兵器の使用に類似した特殊な災害には、約一時間を基準として出動可能らしい。東京の地下鉄サリン事件、米国の炭疽菌事案の発生を見るまでもなく、製造が安くつき死傷者を多く出しうる生物・化学兵器は、イラクも現実に所有していたように、〈貧者の核〉なのだ。

戦争やテロの質が変化する現在、生物兵器使用に対処する「検知器材の整備、広範囲にわたる検知システムの推奨、各種器材・装備品などの技術研究開発を行う工学・バイオテクノロジー専門家などの育成」は人ごとではない。防衛白書といえば固いイメージがある。しかし、日本の市民に危害を直接に与える事案と自衛権との関連について、分かりやすく説明した多色刷のスマートな本である。同内容のCDロムも付いているのは便利このうえもない。

外交とはなにか

村田良平氏は、外交とは何かといった焦眉の問いに答える上で適当な一人であろう。氏は、本省で局長を二回、在外で大使を四回も務め、その間に事務次官も歴任した現代外交の証言者だからである。任地や担当は、ヨーロッパから中東、アフリカさらにアメリカと広がり、経済と条約にも精通しており、『海洋をめぐる世界と日本』はじめ著書も多い。

『回顧する日本外交　1952―2002』の太い筋は、日本と国民の未来を豊かにする外交政策とはいかにして可能なのかという問いである。そもそも外交とは選択であり、一定のリスクをとらない重要政策の決定はありえない。村田氏の議論は率直であり、時には小泉首相や川口外相にさえ辛辣な批判をためらわない。しかし、その筆致は、戦略性や外交哲学を欠如した一部の元外交官の通俗書とは面目を異にしている。

ドイツ語で入省した村田氏は、ドイツやオーストリアの人間と文化をこよなく愛する人であるが、戦争責任についてはドイツより日本の方がきっちりと処理したとも公言する。ワイツゼッカーの演説にしても、非常に用心深く「ドイツが国として戦争を引き起こした責任」を避けていると指摘し、日本の論説や評論が「日独間の相違を十分ふまえることなく議論が行われている」点にも率直に苦言を呈している。外交官のあり方についても示唆的な表現が目立つ。日本について「極めて偏見に満ちてけしからぬ講演」に出くわしたときには、「強い不愉快な顔」をする必要がある。極端な対日非難を聞いた場合には、「講演の途中でも構わないから、憤然とした面持ちで立って、その講演場をさっさと退くというような心掛けも実は外交官には必要なのである」。当然の指摘のようにも思えるが、私の限られた知見でも、これがなかなか出来ない人も多いのである。

とくに「イラク戦争と日本」という論文は示唆に富んでいる。イラク戦争によって日本人の国連幻想に「大きくひびが入った」のは、国家の前途のために有益だったというのだ。たしかに、戦争か平和かといった大問題が安保理非常任理事国の小国の意向に委ねられ、国連分担金など貢献度の高い日本の意見が無視されたことに驚いた人も多かったであろう。村田良平氏は、フランスのドヴィルパン外相が早くから拒否権行使を言明し、アフリカ各国に多数派工作を進めた責任を重視している。

また、氏がいう「国際的舞台における日本の存在感の驚くべき減少」が一九八〇年代と比べて際立っているという指摘は、今後十二分に検討されるべき論点であろう。たしかに、日本の中東和平プロセスへの関与の後退は危惧されるかもしれない。パレスチナへの財政支援は「評価されているが、当然視されている嫌いがある」というのである。工程表づくりに参加を認められなかったのだから、「パレスチナへの財政支援のあり方もこの際再検討すべきであろう。このように行動するのが、外交というものである」とは、外交の大道につながる発想にほかならない。

昭和天皇の御大喪の運営にかかわる秘話は本書の圧巻である。席次の苦労、両陛下の堂々たる立居振舞、時間に厳格な式進行は、いずれも各国の元首たちの強い感動を呼んだ。その反面、低モラルの元首や大使たちがいたことを鋭いエスプリでさりげなく触れているのも村田氏の持ち味であろうか。特異な外交論やエッセイ集としてだけでなく、現代史の貴重な証言としても読める書物である。

V　楽しみとしての読書

わたしは、世人の知る歴史を匿名の年代記の下に消滅させて、楽しんでいたのだった。

——ポール・ヴァレリー『ムッシュー・テスト』

古代文字の解読

われわれは、歴史を理解するときに、文字文献や石碑などを史料として重視する。アイヌ民族の『ユーカラ』のように、長大な叙事詩が人びとの記憶のなかで行き続けてきた例もあった。また、いにしえの時代については、考古学が対象とする遺跡や遺物の解析によって、歴史を解明することもある。しかし、言語学者の田中克彦氏も語るように、「文字の使用は、話した瞬間に消え去る言語を固定し、再生可能のものとする技術であるにとどまらず、言語の性格にも、人間の精神生活にも根本的な変化をもたらした」（「文字」『角川世界史辞典』）のである。

人間が自らの営みを文字によって記録した意味は、はかり知れぬほど大きい。しかし、今現代人が読んでいる文字と、それによって記録されている文献のように、歴史上すべての文字が理解可能なわけでもない。事実、世界史の事実のなかには、矢島文夫氏が『解読　古代文字の挑戦』で述べているように、未知の文字や言語が解読された結果、初めて歴史が知られることも多い。それに伴って、正体が判明した古代文明も少なくない。

なかでも有名なのは、古代エジプトの神聖文字や、バビロニアの楔形文字の解読であろう。これらの文字解読は、背後にある巨大な歴史文明の謎を解き明かすきっかけとなった。エジプトの神聖文字は、ナポレオンのエジプト遠征時に発見されたロゼッタ石と、フランスの言語学者シャンポリオンの名とともに有名である。

一七九九年八月にラシード（ロゼッタ）で発見された黒玄武岩の碑文には、三種の文字が書かれていた。上段は象形文字（ヒエログリフ）、中段はその草書体である民衆文字（デモティック）、下段はギリシア語である。ギリシア語は簡単に読めたので、この内容がプトレマイオス五世（前二〇三～一八一）の善政に感謝するために、神官たちが前一九六年に建てたことはすぐにわかった。

この象形文字をめぐっては、英国のトマス・ヤングとフランスのジャン・フランソワ・シャンポリオンらとのあいだに、解読をめぐる〈英仏戦争〉が繰り広げられた。フランス大革命以後の緊迫した英仏関係を背景に、この競争もシビアなものがあった。結局、シャンポリオンは一八二二年にエジプト象形文字を解読し、文法体系も明らかにした。ここに、三〇〇〇年にわたって使われたヒエログリフの謎が解明され、エジプト学という新しい学問が誕生した。こうして、プトレマイオス朝はじめ古代エジプト史の秘密のヴェールが、しだいにはがれるようになった。しかし、ヤングは終生シャンポリオンが自分の研究成果とそのエキスを剽窃したと信じていた。他方、生来身体が弱くナポレオン贔屓だったシャンポリオンも、晩年は必ずしも志を得ず、一八三二年に四二歳という若さで世を去った。

ペルセポリスの遺跡は、アケメネス朝ペルシアのダレイオス一世とその子クセルクセスによって、前六世紀から五世紀にかけてつくられた王宮である。建物側壁や階段部分には、写実性と装飾性を兼ね備えたレリーフがほどこされている。そこに見られた楔形文字は、ペルセポリスの刻文としてよく知られている。

この古代ペルシア語は、二七歳のドイツ人高校教師ゲオルク・グローテフェントによって解読された。すでにヘロドトスの『歴史』で知られていたアケメネス朝の君主たちの名は、この刻文に現れた系譜によって、ダレイオスが「ダーラヤヴァウシュ」であり、クセルクセスが「ホシュヤールシャー」であることが判明したのである。これは、アケメネス朝ペルシアの歴史が解き明かされる重要な転機となった。

また、ビーヒストゥーン岩壁の刻文として知られる楔形文字も、英国の軍人ヘンリー・ローリンソンによって解読された。一八三五年にイラン西部で発見した刻文は、古代ペルシア語、エラム語、バビロニア語から成るダレイオス三世の碑文であった。ことに彼の関心を引いたのは、バビロニア語楔形文字であった。バビロニア語とアッシリア語はセム系語族に属する同系統の言葉であり、方言ほどの違いしかないので、両者を総称してアッカド語と呼ばれることも多い。これらの楔形文字は、一八五七年に英仏の学者による一人のアッシリア王の刻文解読コンテストによって、ほぼ完全に解読した。ローリンソン、タルボット、アイルランド人ヒンクス、フランス人オペールの四人の翻訳はほぼ一致したのである。この楔形文字の研究を中心とする古代メソポタミア研究はアッシリア学と呼ばれることになり、バビロニアやアッシリアの歴史がしだいに明らかになっていくのである。また、オペールはシュメール語を正しく読むことにも成功し、未知の民族シュメール人の謎も少しずつ解き明かされていった。

アッシリア学が出発したこの年は、エジプト学の開始から数えて三五年めのことであった。また、このころ一七歳の少年だったジョージ・スミスは大英博物館の手伝いをしていたが、やがて粘土板に書かれたアッシリア語文書のなかから、キリスト教徒になじみの深い「ノアの方舟」の原型の物語を発見している。彼は、その後イラクにおいても「大洪水物語」の一部を含む粘土板を発見した強運の持ち主であった。この世界最古の文学作品はやがて、主人公たるウルク王の名を取って『**ギルガメシュ叙事詩**』と呼ばれるようになった。古代オリエント世界に各種の言語で流布した英雄叙事詩である。

また、前二〇〇〇年から一二〇〇年ごろまで小アジアに大帝国を打ち立てたヒッタイト人は、現在の欧米人にとってなじみの深いインド=ヨーロッパ語族に属していた。『旧約聖書』にはヘテ人として出てくるヒッタイト人は、エジプトの記録にも出てくる。ナイル中流域のカルナク神殿のレリーフには、前一二八六～八五年にパレスチナ北部のカデシュで生じたエジプトとヒッタイト両大帝国の激突の模様が記録されている。

鉄と軽戦車を駆使したオリエント世界を二分するほどの勢力を誇ったのである。このカデシュの戦いは、エジプトでラーメス二世が即位してから五年目のことであった。

ちなみに、このカルナク神殿の大列柱室は、アガサ・クリスティの原作『**ナイルに死す**』を映画化した『ナイル殺人事件』の舞台にもなっている。ヒッタイトの歴史は、今世紀初頭にトルコのボアズキョイ（アンカラの東）から発掘された粘土板の解読から始まった。その立役者は、チェコ人のフロズニであった。

このように未知の文字を解読する作業は、やがて史料の大量解読をもたらし、古代はじめ世界史の謎を解く道筋を切り開くことになったのである。このために、世界史の研究においては、なによりも民族や王朝や国家が使っていた言語を学びながら、史料を根本にさかのぼって読むことが要求されてきた。〈失われた時〉を求める歴史と言語の研究は、切っても切れない関係にあるといってよい。

ローマ史の結婚と「汚れた性」

フェリーニの名作「サテリコン」はラテン語で書かれた同名の古典を映画化したものである。そこには、享楽と悪徳のあふれる現代社会にもよく似た風俗が描かれていた。また「カリギュラ」なる映画を見た者なら、暴君のサディスティックな性癖に嘔吐感をもよおした者も少なからずいたにちがいない。平和と繁栄をきわめたローマ帝国にまつわる肉欲と恥辱の汚名は伝説の域に入っている。

しかし、頻繁に語られるローマ人の頽廃は事実だったのだろうか。本村凌二氏の『**ローマ人の愛と性**』は、ローマ人の享楽の実態にせまりながら、史料のもつ意味を考えさせる点で刺激的な書物であった。

アウグストゥス帝の娘ユリアは「船荷がいっぱいのときじゃなきゃ、ほかの水夫をのせないわ」と、妊娠時の密通をほのめかしながら、うそぶいていたというから驚いた話だ。クラウディウス帝の后妃メッサリーナにいたっては、リュキスなる源氏名を名乗りながら夜な夜な売春窟で客をとっていたというわさがひろがっていた。タキトゥスと同時代の諷刺詩人ユウェナリスは、こう詠うのだ。「淫売宿の悪臭を気高き宮廷の寝室へと持ち帰るのである」。

人妻も生娘もだれかれとなく手ごめにしたネロ帝にしても、男に凌辱されることも厭わずに、淫蕩のかぎりをつくしたと伝えられる。

もちろん、このような伝承が根も葉もない風聞だったわけではない。しかし、どこまでが歴史的事実であったかを探る手立ては、今となっては、ほとんどないといってよい。とはいえ、残された古典文献の伝承をひもとくかぎり、「パクス・ロマーナ」（ローマの平和）の下で繁栄をきわめた社会は、乱れに乱れて堕落していったかのように思われがちだ。しかし、考えつく限りの罵詈雑言をあびせながら現実を非難する同時代の作家たちの言葉には、社会の実態よりも作家の感性が素直に反映していると考えるべきだろう。

とりわけ諷刺詩人たちに目を向ければ、そこから鮮やかに浮かび上がってくるのは、ローマ人の感性の変質ではないか、と本村凌二氏は指摘する。実際に、諷刺詩人たちは時を経るにつれてますます怒り狂っていくように見えるからだ。

しかし、そこから愛欲の現実が腐れきって収拾がつかなくなったという印象を安易に引き出すべきではない、と氏は注意を促す。むしろ、作品には現実を見る詩人の豊かなまなざしがあり、ホラティウス、マルティアリス、ユウェナリスらの諷刺詩には「冷笑」から「嘲笑」を経て「義憤」にいたる心象の変質が反映している。その変質とは、性にまつわる出来事を「汚らわしい」ものとして忌み嫌う意識が社会のなかに芽生えつつあり、その意識がますます強くなっていたことであるという。

『ローマ人の愛と性』の論点は、これまでの史料の解釈をまったく逆転させたものであり、ローマ社会史の視点を変革しかねない斬新なものである。しかも、このような解釈をとることによって、その後のローマ史の歩みをも巧みに説明してしまうのだ。おそらく、このあたりの〈認識論的転回〉に本村氏の大胆かつ野心的な狙いがあるのではないか。

しばしば、キリスト教を迫害したローマ帝国はその受容によって良俗の社会に転じたかのごとく語られる。また、そうした主張をしがちな研究者がいかにも謹直に見えるだけに、さながら悔い改めのような転換が起きたと強くイメージしてしまうのだ。しかし、それはキリスト教を崇める後世のヨーロッパ人がつくりあげた勝手な神話にすぎない。現実には、キリスト教を受容する土壌がすでにローマ社会に生まれつつあったと考えるべきなのである。事実としていえば、キリスト教はその土壌の上で育ちながら、ことさら肉欲そのものを卑しめていったらしい。

そのような土壌とはいったい何であったのか。そもそも、性を汚らわしいものと感じ、愛欲を夫婦間においてのみ許されるものと見なす意識の底には何がひそんでいたのだろうか。著者の本村氏は、そこに広大な地中海世界に長期にわたる平和と反映を築いたローマ帝国が落とした影を見出すのだろう。それは自分の内なる世界に向けられる人びとのまなざしである。いささか大仰に言い換えれば、人間における心や魂の発見であるにちがいない。

このような問題について、ニーチェ、ヤスパース、エリアーデ、フーコーなど、二十世紀を代表する思想家の言葉に注目しながら、本村氏が世界史の再考を促しているのは、なかなかに気宇壮大な試みというべきだろう。

そもそも、「汚れの意識」とか「内なるまなざし」とかいうテーマは、必ずしもこれまでの歴史学の感性になじむものではない。しかし、あえてこれらのテーマに切り込み、ローマ人のセクシャリティについて正面から論じた点に本村氏の真骨頂があり、『ローマ人の愛と性』の魅力があるといってもよい。というよりも、愛と性をめぐることがらは社会の深層とかかわり、歴史の基底に流れているという主張にこそ、著者の結論があるというべきだろう。この意味で、この小ぶりの本は、まさしく世界史を変えた「愛のかたち」を描く意欲的な試みの一歩なのである。ついでに言えば、本書はその志の大きさに比して、「ローマ人の愛と性」という題名でいささか損をしているのではないか。私のように禁欲的なイスラーム史研究にたずさわる人間からすれば、題名から勝手に連想するのは、定型化したパターン、すなわち、頽廃した酒池肉林のローマ人の性風俗である。またかというわけだ。率直にいって、最初はそれほど読書欲をそそられなかったことを告白しておかねばならない。

しかし、一読してすぐに、その連想は、私の怠慢と先入観の未熟さにすぎないことを思い知らされた。書物の前半部では、サービス精神の旺盛な本村氏らしく、前菜のようにその種のエピソードも数多く（もちろん史料に即して）語られているが、彼の本領はむしろ後半部の心性の社会史を浮きぼりにするところに発揮されるのだ。従来の史料解釈が鮮やかに逆転し、ローマ人の心の肌にふれようとするとき、そこに『ローマ人の愛と性』を読む醍醐味を自然に味わえるというべきだろう。

「肉体の『性』は、精神の純粋さに反する『汚れ』として感じられるのである。このようにして、『対』なる絆としての『結婚』が普及し、『汚れた性』の意識が脳裏をかすめるのは、道徳の内面化をともなっていたからである」。これは古代史研究者の堅実な学説であるとともに、現代人の生活にも通底する見事なエスプリになっている。

スコットとシェイクスピア

アルゼンチン生まれの「ボルヘスとは英文学にとり憑かれた永遠の少年である」。これは、訳者中村健二氏の言であるが、たしかに原語で「英文学入門」と銘打ってはいても、『**ボルヘスのイギリス文学講義**』は驚くほど個性豊かな書物である。しかし、ボルヘス流の「おしゃべり」を楽しもうという向きには、まことに嬉しい特異な文学史となっている。たとえば、シェイクスピアについても、十六世紀から十七世紀の文学では下位ジャンルだった演劇への評価は低く、名誉に縁もなく最初の全集も死後に出たとぶっきらぼうなのだ。また、この男はいとも簡単に台本を書きあげ、ただの一行も台詞を消したりはしなかったとも語る。それでもボルヘスは、シェイクスピアの時代には舞台天井がなかったので、彼は情景描写のために言葉を用いる必要があったと、豊かな表現力の源泉を解き明かしている。

スコットを無視する点などは、ボルヘス文学論の極致ともいうべきものだ。詩人シェリーと並べて、スコットについては「名前を挙げるにとどめるしかない」といたって冷淡なのである。スコットの歴史小説は、ある意味でシェイクスピアやゲーテが創造した歴史劇を超える存在であり、フランスの歴史家にも影響を与えただけでなく、彼はロシアではプーシキンを育てた作家といってよいのに。

かといってボルヘスが歴史に無関心かといえば、そうでもない。むしろ十八世紀文学を説明するのに、『ローマ帝国衰亡史』のギボンから始めるほどなのだ。ギボンの「英文学史上もっとも重要な歴史的記念碑」においては「一見排他的にみえる二つの特質、皮肉と華麗」が一体になっており、彼こそ「物語技法の巨匠」だとはボルヘスらしい。実に巧みな表現というべきだろう。「アラビアのロレンス」ことトマス・エドワード・ロレンスを「一つの伝説であり、叙事詩的人物」とするボルヘスは、『知恵の七柱』について、砂漠の冒険を描写する「故意に詞華集的な頁が多い」ことを「唯一の欠点」とする。ロレンスに対する驚くほどの好意は、その『オデュッセイア』訳の素晴らしさにまで及んでいる。

推理小説好きの読者には、アーサー・コナン・ドイルへの言及も喜ばしい。彼は「二流の作家」であるが、世界は「一人の不滅の人物」シャーロック・ホームズの創造を彼に負っている、とはまず公正な評価であろう。また、ブラウン神父生みの親であり『木曜日の男』のG・K・チェスタトンについて、「文学でもっとも魅力ある人物」だというのも、素晴らしい指摘である。怪奇なものへの偏愛をもちつづけたチェスタトンは、「エドガー・アラン・ポーにもカフカにもなり得ただろう」。「彼はチェスタトンであるほうを選んだが、われわれはそのことを感謝したい」とは最大限の褒辞《ほうじ》といってもよい。

ボルヘスの独特な英文学論に惑溺した後に、改めて作品を理解するよすがとしてロシア人が英国の作家をどう見ていたのかというユニークな観点から白倉克文氏の『**近代ロシア文学の成立と西欧**』をひもとくのも楽しいことだ。十八世紀後半に活躍したロシアの作家カラムジンは、シェイクスピアについて感嘆している。「最も深く秘められている人間の欲望、その最も内奥の衝動、そして各人の情念、各人の気質、各人の人生の特性すべてを、この驚嘆すべき画家ほどに熟知していた者は少ない」と。

また、カラムジンは、ギボンら英国の歴史家について「事件の知的な編成法、出来事や登場人物の描写力、思想と文体とによって、最高に面白い小説の魅力を歴史に導入した」とボルヘス同様に評価している。白倉氏もいうように、やがて歴史家となるカラムジンにとって、歴史は文学の延長線上にあったのだろう。氏の指摘は正しいが、その意味と回心の構造について、もっと丁寧に説明してほしかったものである。

プーシキンに対するバイロンの影響以上に特筆すべきは、シェイクスピアとスコットの衝撃であった。『**ボリス・ゴドゥノフ**』はシェイクスピアの影響がなければ生まれず、『**大尉の娘**』はスコットの作品との出会いなしには書かれなかった。しかも、『大尉の娘』の登場人物はひょっとしてスコットの人間たちよりも生き生きとしていたかもしれない。

いずれにせよ、カラムジンから始まった西欧とくに英国文学受容の流れは、プーシキンに至って完成の域に達したという白倉氏の見方は大筋において同意できるものだ。アルゼンチンの異能作家と日本の堅実な学者の書物は、異色の筋による英文学理解の可能性を教えてくれるかもしれない。

ワシントンの義歯

一ドル札に描かれたジョージ・ワシントンの肖像を眺めて、やや訝しく感じた経験をお持ちの方もおられるだろう。それは、顎にかけて奇妙なふくらみが出ており、かなりとっつきの悪い印象を見る人に与えるからである。ワシントンは二八歳で義歯を入れ始めてから、いつも口を固く閉ざすのを常としていた。

彼の肖像画を描いた画家は、下顎義歯の突出を和らげるために、綿花を丸めたものを口に入れたらしい。すると、凹面の曲線になるべきところがスマートに出ず、無骨な義歯の影響がそのまま出てしまったというのだ。あまりの歯痛と義歯の重さ（一三三五グラム）のせいか、ワシントンは気むずかしい顔をすることが多く、気が短くなり、食事中にとんでもない仕草を繰り返すことも多かった。ある上院議員は、彼の悪癖について日記に記録している。

「大統領は憂鬱そうな顔をしておられた。その陰気でまじめな顔付きには、一瞬の笑みも浮かばなかった。ひと口食べたり飲んだりするたびにフォークとナイフをテーブル上で、ドラムのバチのようにもて遊んだ」。

だれに限らず、虫歯の激痛には耐えがたいものがある。ワシントンを悩ませた歯痛と義歯の問題は、人類の歴史が始まって以来の災禍であった。古代のエトルリア人やギリシア人やローマ人は、いずれも金線を利用し義歯を発達させる才を持っていた。歯痛にまつわる長い歴史を、身につまされるように知ったのは、歯科の治療室で紹介されたジョン・ウッドフォードの『**エピソードでつづる義歯の歴史**』という本からである。内容はおもしろいが、私も抜歯される前後に、なにやら拷問道具のように恐ろしげな「歯抜き屋」たちの用具の絵を眺めて、怖じ気づいたものだ。私に限らず、だいたい人間は食物の入口となる歯を粗末にするきらいがある。咀嚼や健康の面だけでなく、発音や審美的な意味でも歯の果たす役割は大きい。この本のまえがきで関根弘氏も指摘しているように、明眸皓歯《めいぼうこうし》とは美女必須の条件なのである。

十九世紀ヴィクトリア朝時代の義歯は洗練されていたとはいいがたく、会話の最中に歯が飛び出したり、恥じらいからか上顎の義歯を飲み込んだりする危険があったという。ある紳士は、クラブの肘掛椅子で火のついた巻きタバコを口にくわえて居眠りをしていると、突然口から煙を出して飛び上がった。タバコの火が義歯に燃え移ったのだ。

第二次大戦中にフィンランドに派遣された英国使節団の任務は、スウェーデンの列車で(どこかの秘密警察員にとられたかもしれない)団長の義歯捜索からユーモラスに始まったらしい。義歯の世話になった人なら、この挿話を決して笑ってばかりもいられないだろう。虫歯に生涯苦しんだエリザベス一世は、その強い意志力にもかかわらず、抜歯に伴う猛烈な痛みを恐れたものである。面白いのは、十八世紀から十九世紀にかけて在位したジョージ三世の冷静無比のユーモアである。

ある時、歯科医が手術を恐る恐る申し出ると、国王は磊落《らいらく》に「君が余に恐れを感じているかどうかを知らないが、余は歯科医に脅威を抱いている」と語った。ブランデーをほんの少し飲むとうまくいくだろうと国王は希望する。出血を危惧する歯科医は手術の後にどうぞと献言した。「いや、その前に欲しいのだよ。勇気が出るように」。こうしてブランデーがしずしずと運ばれてくると、医者に向って杯についでほしいと国王は命じた。「余を臆病にしているのは彼なのだから、彼から勇気をもらうのだ」と。そして、ブランデーは歯科医から注がれた。すると、王は莞爾として飲むことを辞退して、あっさりと述べた。「酒は必要ないのだよ。ただ、君の手がふるえていないかどうか、みておきたかっただけなんだ」

なんというユーモアと沈着さであろうか。しかし、すべての人間がジョージ三世のような美徳を発揮したわけでもない。大型肉切りナイフの鋭い刃先で歯肉を傷つけて歯を打ち付けるうちに、下顎を傷つけて壊疽を起こした男の事例は珍しくはなかっただろう。

歯痛にせよ、未熟な義歯にせよ、その耐えがたい副産物は口臭であった。その源は、骨と象牙が唾液の作用で一年以内に黒ずみ腐敗が始まるからであった。十八世紀から十九世紀の義歯は、悪臭を放ち食物に嫌な味をつけるために、社交を避けたり、食べるときには義歯をはずしたりする者もいたらしい。これでは何のための義歯か意味がわからなくなる。固くツヤのある耐腐食性の陶材（ポーセレン）が作られたとき、その推薦をしたパリのある薬種協会長は、セイウチの牙でつくった義歯に自分が閉口したことに触れ、次のように諧謔を飛ばしていた。

「二千人もの人がオペラに集まることを想像してごらんなさい。彼らのなかには、少なくとも二、三百人のセイウチの牙の義歯をはめた人がいることでしょう。これらの腐敗物質のことを考えてごらんなさい。そこには一頭分の動物の骨があることになり、それをもし舞台に乗せれば、それが引き起こす悪臭と腐敗作用による嫌悪感で、すべての観客を追い払うことになるでしょう」（森隆訳）

これはまことにリアリティに富んだ描写といわなくてはならない。

ところで、近代において義歯の開発に大きく貢献した人物は、パリの外科医兼歯科医だったピエール・フォシャール（一六七八～一七六二）だったらしい。フォシャールは、歯の抜けた後の上顎に総義歯をはめる最初の効果的方法として、下顎の義歯に付けた金属の平板なバネで装着するやり方を思いついた。前歯がかけているのは、体裁が悪いばかりではなく、威厳を損なうと考えたパリの上流社会では、良質な義歯の開発が求められていた。それまで、人工歯を止め付けるのに適当な歯が上顎にないパリ人は、イヤリングをはめるように、上顎の犬歯部に当たる部分の歯肉に穴をあけて、二本のフックの付いた義歯をはめるという聞くだに恐ろしい方法を守っていた。

フォシャールは、バネに支えられた上顎義歯を会話や笑いには耐えられるものにしたが、食事の時に頬で巧みに操作することはできないでいた。義歯の床に相当する部分を工夫できなかったらしい。食事になると、義歯が歯茎を痛めながら、一方の側から他方へとずれるために、どうにも不愉快になった。総義歯や縛り付けていない義歯をはめている人は、食事のテーブルではそれらを取りはずし、その後ポートワインを飲みながらの会話になると、発音が明瞭になるように義歯を口に戻したというのだから恐れ入る。

現代人は、歯痛の拷問と抜歯の恐怖から解き放たれていることを、優秀な口腔外科医と歯科医に感謝しなくてはなるまい。ジョージ三世の顰みにならって、私にも抜歯の恐怖を忘れさせてくれた高田典彦先生（元・山王病院）に、この書物をご貸与いただいた御礼を末尾ながら申し上げておきたい。

エリートの周流

エリートという言葉ほど今の日本で歓迎されない語彙も珍しい。社会に有用の人士を送り出すことが期待されている大学でさえ、各界でリーダーシップをとる将器を育てるという機能に疑いをもたれている御時世である。しかも日本では、教育によって才能豊かな生徒や学生の個性を伸ばそうとすると、必ずといってよいほど平等という名のもとで嫉妬される風潮が世を覆っている。しかし、どのように言い回しを変えようとも、歴史において指導的な役割を果たす人士を欠いた社会が存在したためしはない。この点については、私を含めた東京大学教養学部の関係者が二〇〇〇年の正月早々に刊行した書物でも強調しておいた（『東京大学は変わる　教養教育のチャレンジ』）。

もちろん、イタリアの社会学者ヴィルフレッド・パレートが延べたように、「エリートとそれ以外の者とを分かつ限界は、青年と壮年とを分かつ限界が明白でないと同様、明確ではなく、また明白ではありえないものである」。それでも重要なのは、日本でさえ、教育のみならず政治や社会の分野で、「事物のこの区分を考察する効用は否定されない」という事実であろう。ファシズムにも影響を与えたパレートのエリート論に問題が皆無というのではない。しかし、彼の欠点を批判的に考えることで、二一世紀の日本におけるエリートのあり方を模索する手がかりが、たとえ反面教師ではあっても得られるのではないだろうか。

パレートの『一般社会学提要』（一九二〇年）は、難解で知られる『一般社会学論』（一九一六年）の内容をわかりやすく説いた書物であるが、最近装いを新たにして名古屋大学出版会から公刊されたのは喜ばしい（姫岡勤訳・板倉達文校訂）。これによって、「パレート最適」などに名を残す異色の思想家の有名なエリート論にたやすく接することができるようになった。

まずパレートは、エリートのあり方を政治指導に関連づけて説明している。それによれば、「直接または間接、政治において顕著な役割を演ずる人々を包含する政治的エリート」と、「自余の者を包含する非政治的エリート」に区分するのが適当とされる。たとえば、有名な棋士はエリートの一員であるが、その功績が政治的勢力をもつ機会を与えないから、彼は政治的エリートとはいえない。また、「専制君主の情人は、その美貌または才智によって、しばしばエリートに属する」というあたりは、イタリア貴族の出身者ならではの特異な見方というべきだが、二一世紀に入れば日本はもとよりイタリアでさえ一笑に付されるかもしれない議論だ。しかし、歴史的に見ればパレートの指摘は決して牽強付会というわけではない。それは、ペリクレスの第二の妻アスパシアとか、ルイ一四世の愛人マントノンとか、ルイ一五世の愛妾ポンパドゥールなどを、「有力な男性を捉えて公の政治に関与する女政治家」として高く評価しているからだ。どちらかというと、パレートの議論は女性蔑視とは反対かもしれない。それは、いつの時代にあっても政治から疎外されてきた女性をエリートとして復権する方策如何といった問題意識にもつながるからだ。

パレートのエリート論が現在から見て問題視されるのは、その女性観ではないだろう。むしろ、彼が国民という存在を明解すぎるほど簡明に二つの層に分けている大胆さにちがいない。彼は、「下級の層」と「上級の層」のうち後者こそエリートなのであり、さらにそれが「政治的エリート」と「非政治的エリート」に区分されると主張するからだ。

それでは、各個人がエリートに位置づけられるにはどうすればよいのか。パレートの答えはどうもそっけない。それは、試験の結果にもよるが「レッテル」に負うところが大きいというのだ。たとえば、政治的エリートとは、大臣・上院議員・代議士・内閣各長官・控訴院長・将官・大佐などを指す。他方、弁護士・医師・技師・自力で成った富豪・音楽家・文士などは、「非政治的エリート」になるのだろう。面白いのは、パレートが富貴のレッテルを世襲的なものだと見なしている点である。大きな世襲財産を相続した者は、ある国々では容易に上院議員にも指名されるという。この富や親戚関係や縁故に恵まれた者は、本来の資格がなくても、二種類のエリートのいずれかの「レッテル」を獲得するのだ。これは、アメリカのケネディ一族などを思い浮かべれば、容易に理解できるというものだ。

このようにパレートは、エリートの地位を必ずしも固定して考えない。ある集団から他の集団に移る者は、元の集団で得た一定の傾向・感情・態度をもちこんでくる。彼は、この現象をフランス語で「エリートの周流」(circulation des élites) と名付けていた。たとえば、平時から戦時に変われば軍人にも大量の人間を徴募しなくてはならず、貴族を階級として崩壊させてしまうほどの需要が生じた。問題は、「支配者を含む上層」と「被支配者を含む下層」とのあいだに「エリートの周流」が起きることであろう。これは、既得権を謳歌する者からすれば面白くない現象である。いつの時代でも、「新入者」や「成上り者」は、その第一世代においては歓迎されず、どこかしら白い目で見られたからだ。彼は、プラトンでさえ「周流」の危険に気づき新規参入を人為的に規制しようとしたと指摘する。

しかし、パレートは能力や使命感を伴わないエリートに厳しかった。たしかに、軍事・政治・宗教に携わる貴族や富豪階級は、初めのうちはエリートにふさわしく、「普通の人達より優れた人々」であり、「レッテルは実際の能力に照応していた」かもしれない。しかし、時がうつろうにつれて能力とレッテルとのあいだに懸隔が生まれ、なかでも軍人貴族は政治的エリートとして取るに足らぬ要素となってしまった。「貴族は永続しない」、「歴史は貴族の墓場である」とはパレートの言である。彼は、「下層階級の家族が、数においてのみならず、一層重要な質においても、支配階級を再興する」と述べているように、エリートの階級としての流動性を否定しない。それどころか、エリートは「階級の周流」の結果として「絶えず緩やかに変わっている」というのだ。比喩的にいうなら、さながら「大河のように流れ、今日の政治的エリートは最早昨日のそれではない」のである。

パレートは、エリートの有為転変についても次のように表現している。「時折大河の氾濫に似た急な激しい攪乱が観られる。ついで新政治的エリートが再び緩やかに変わり出す。大河は元の河床を正規通りに再び流れる」。とくに日本では政治的エリートに限らず、エリート層と目される人びとに見るべき教養や政治哲学が稀薄な現在、人間行動の合理と不合理とをことさらに識別したパレートから学ぶべき教訓は多い。

幕末の気分

盤石を誇った体制でも崩壊する時はあっけない。昨日まで相当の生活と職を保証されていた人間が幕末の変動期で右往左往するおかしさを、ペーソスを交えながら歴史の裏側に入りこんで書いた野口武彦氏の連作七点がこの『**幕末気分**』である。

とにかく、先祖代々徳川恩顧の旗本御家人が長州戦争でいざ出陣となると、まったく腰が引けて使いものにならないのだ。乱心の挙句に抜刀して手のつけられない者が現れるかと思えば、大坂の「江戸湯」という特殊浴場で「姫廻り」をする侍などは少しも珍しくない。それでいて、江戸吉原で無銭飲食はおろか花代も払わずに遊び呆けた幕府歩兵隊が、仲間殺害の報復とばかり、吉原大門から女郎屋に攻撃をしかける様は悪《わる》というほかない。

これでは幕府が崩壊まっしぐらになるのも無理はない。これこそ「幕末気分」というものなのだろう。将軍家茂が内憂外患で苦悩しているのを尻目に、幕臣が無気力にはしゃぐ異様ぶりはすさまじい。御家の大事とばかりに、賄方すなわち調理人を鉄砲隊に組み込もうとしても、覚えが悪くてものにならない。それどころか、厭戦思想とみまがうばかりに訓練を拒否するふてぶてしさ。天保六花撰の河内山や直侍が幕末に際会したら、こうだろうという遊冶郎《ゆうやろう》ばかりだから、防長二州の精鋭に太刀打ちできるはずもない。

原宿を遊び回る異相の少年少女を見て幕末だと思いつく感性、幕府歩兵隊の再編に伴う人員解雇に『資本論』第二十四章でいう「プロレタリアとして労働市場に放り出される瞬間」を見いだす視点など、野口江戸学の冴えは随所に光る。『徳川慶喜のブリュメール十八日』に描かれた慶喜の卑怯未練はもとより。静岡移住船中の阿鼻叫喚に「亡国」の光景を見いだす観点は確かである。まず救いは、「根本的に見栄っ張り」で直参旗本の「最後の見せ場」「男の花道」となった上野彰義隊のおかしな忠義であろう。「江戸人のプライドと負け惜しみと微妙な自嘲とがまぜこぜになった感慨をそそった」という野口氏の見方は正しい。それにしても、この作品名『上野モンマルトル１８６８』には、どこかもの悲しい響きがある。

未来は長く続く

「しかしそれではフランスのためにならない。未来は長く続くのだ……」とは、ドゴールの言である。抑鬱症と軽躁症の状態を繰り返した結果、妻を殺してしまったフランスの哲学者ルイ・アルチュセールは、何故にこの自伝的な弁明の書に『**未来は長く続く**』という、ドゴールに因むタイトルを付けたのだろうか。それは、殺人というおぞましい行為を過去につながる歴史的な因果関係でなく、むしろ過去の時間との連続を無視して「未来」を見据えるなかで意味づけるために選ばれたのかもしれない。母が愛した男の名を付けられた子ども。男の死でその兄と結婚した母。無学歴ながら銀行の出世街道を上りつめた傲岸不遜な父親。植民地生れのアルチュセールは、才気と家庭環境にめぐまれたフランスの文系少年の常として、パリの高等師範学校に入り哲学や文学に惑溺し共産党員にもなった。

『マルクスのために』や『資本論を読む』を著した哲学者は、教職に就くあたりから、精神に平衡を欠くようになる。妻のエレーヌは、精神病にとりつかれた夫の重荷と不安を背負ってしまう。精神病院へ入院した彼は、妻を絞殺しながらも「予審免訴」となり法的に犯罪責任を決着させられた。この本は、「重層的に決定された」と考える人生をたどりながら、悲劇にたどりつく軌跡を時に隠蔽や歪曲を交えて分析したものである。

アルチュセールは、旧友の医師が語るという叙述手法で、殺人が起きた状況を三つにしぼっている。第一は、心神喪失という無意識状態。第二は、妻の皮膚には絞首による外相がないこと。第三は、二人だけで自宅に閉じこもっていた事実。エレーヌも人生にけりをつけたいと念じていたという。「人を介しての自殺」あるいは「愛他的自殺」を志した可能性も一概に否定できない。衝撃的な事件に複雑な解釈をほどこすことはできる。しかし、看病疲れの妻の「殺人依頼」を精神不安定の夫が無意識に引き受けたとすれば、日本でも起こりかねない話なのだ。事件は、庶民にも意外と身近な悲劇だったのかもしれない。

男と女の三色旗

「余が眼幾度か曇りて屡々《しばしば》父の顔を失す。敢《あへ》て凝視するに彼泰然として交々《こもごも》児孫の顔を眺め且つ朋友故旧医師看護婦奴婢《ぬひ》に至る迄一々識別して今生の好誼を謝し、謝し了《おは》つて双手を翳《かざ》して万歳を連呼す。声色衰へたりと雖も意気旧に依つて旺《さかん》なり。余父の手を把《と》つて誠に凛々《りり》しき最期ぞと呼べば愛弟涙を呑んで勇まし々々と呼ぶ。父も微《かす》かに頷《うなづ》きて好しと言ふ」。

これは、近代日本の建築学の基礎をつくった辰野金五の臨終の様子である。ここで「余」というのは、息子の辰野隆《ゆたか》にほかならない。隆は、日本に本格的な仏文学研究を導入することになるが、父の逝去に際して、大正八年（一九一九年）四月一〇日の日付で「終焉の記」という見事な漢文体の文章を後世に残した。そして、出口裕弘氏の『辰野隆・日仏の円形劇場』によって、私は有名な万歳連呼の情景を詳しく知ることができた。これは、辰野父子を描いた秀逸の伝記評論であり、明治という時代、学術と芸術との関係、そしてツルゲーネフからアイザイア・バーリンにまでいたる〈父と子〉という永遠の問題などを改めて考えさせてくれる。

金五最期の万歳連呼はあまりにも有名なエピソードであるが、なによりも妻つまり隆の母に対する感謝の念が滲み出ているのが奥ゆかしい。静かに床の上に起きあがって、妻に支えられながら、淡々と感謝の辞を述べているのだ。「夫に事《つか》へて四十年、子女を愛育し、専心家事を治めて間然するところなし。実に汝は善き妻なりき。善き母なりき。と、母声を挙げて泣く」。日本の家庭で見られなくなって久しい光景であろう。死に臨んで万歳連呼というのも格別の行為であろうが、妻子や知己に対する感謝の表現も月並ではない。

それにしても、東京駅や日銀本店の設計者として名をなし古武士の風格を残した金五と、円転洒脱にして自由闊達な芸術家肌の隆とのあいだには、東京帝大教授という職業を除けば格別の共通性もないように感じられる。しかし、出口氏の評伝から知ったのは、隆も相当な愛国者だったことである。日中戦争における「忠勇な同胞の破天荒な奮闘ぶり」に驚嘆する隆は、あるエッセイで次のように国民を讃えている。「而もその最大多数は日頃、右や左のイデオロギーを口に唱え、文を舞わして徒らに他を傷つけて快とした手合では断じてなく、黙々として生業にいそしんだ最も柔順な国民であった。この厳たる事実は戦争が長引けば長引くほど愈々闡明《いよいよせんめい》せらるに相違ない」。

これは、あまりにも単純明快な独白というほかない。もっとも、隆は江戸っ子の戯作文学者の気質をもっていたから、内輪の席では「さざれ石、苔のむすまで忠義もいいが、そうはからだが続かねえ」といった都々逸、なんと題して「君が代くずし」を口ずさんだというから呆れる。しかし、私見では、そこに矛盾はないのだ。何につけ肩肘を張るのを野暮と見なした隆には、ミリタリズムの泥臭さもさることながら、ことさらに自国を貶める左翼の野暮天にも我慢がならなかったからだ。

ところで、辰野隆の功績は、小林秀雄、三好達治、今日出海といった仏文系自由人の系譜をつくりだした点にあるだろう。日本文学の発展そのものにも大きな影響を与えた人物なのである。

日本一の仏文学者は、「ぼくの弟子には日本一の評論家と日本一の詩人がいる」と自負したほどだ。フランス語がまるで駄目だった太宰治も、ひそかに「日本一の小説家」と気負ったようだ。太宰は、ある小篇で試験場にあたふたと駆け込んできた「あから顔の教授」の輪郭を描いている。「われは、きょうはじめて、この男を見た。なかなかの柄であって、われは彼の眉間の皺に不覚ながら威圧を感じた」。出欠をとらなかった隆は、仏文科にいたはずの太宰治をついに知らないまま、その死を知ったという。

出口氏が指摘するように、「勉強家であるかぎり、詩を書き小説を書き文芸時評を試みる学生にもいい舞台を作ってやる」というのは、現在の東大にも伝説が残っている隆の美徳である。しかし、カンニングだけは我慢ならなかった。隆が後ろに立っているのに、露骨に隣席の友人の答案をカンニングした武田麟太郎についてだけは、生涯唯一とおぼしき不可をつけたらしい。もっとも別の機会に、隆は江戸っ子らしく、「こんな問題じゃ落第したくてもできめえ」などと啖呵を切ったというから、太宰や武田はよほどにフランス語ができなかったのであり、そもそも仏文科などに来るべきではなかったのだろう。しかし、隆の自由気侭で芸術家的な生き方を可能にしたのは、偉大な建築家から残された莫大な遺産にあったことも忘れてはならない。隆と同じように、芸術と学術の調和と共存をはかった中村真一郎は、コーヒー代になるかならぬかの薄給のために大学教師の職を捨てたほどなのだ。

ところで、出口氏の評論を読んでいて太黒マチルドが出てきたのは懐かしかった。東大仏文科をおえた出口氏は、フランス語教師として北海道大学に勤めている。その折、かつて北大医学部教授だった胃腸科医院の太黒薫博士の夫人マチルドと親交を結んだらしい。とはいっても、出口氏が二五歳で赴任したころ、マチルドは五〇歳を超えていただろう。私は、出口氏が札幌を去った後、北大に入学したが、ドイツ語を選択したためにマチルド講師の授業をとったことはない。しかし、一度だけ近くでお話をうかがったことがある。残念ながら、その内容をいまどうしても思い出せない。マチルド講師のクラスの知人らと五～六人いっしょになって、北一七条の通りを電車の停留所まで歩いたことだけは鮮明に覚えている。そして、慈母のような笑顔をしてフランス語で語りかけるマチルド講師に対して、内気な少年少女たちは微笑むばかりでほとんど話を交わせなかったのだ。

出口氏は、太黒邸で開かれるパーティについても触れて、「スノッブの悪臭がまったくなかったのはホステスの人徳というものだったろう」と語っている。事実、札幌の人びとは、「マチルドさん」と親しみをこめて呼んでいた。ある日のこと、ふと叔母が「フランスから札幌に一人でいらしてマチルドさんも随分と苦労したのよ」と洩らしたことがある。若き日の太黒先生は花柳界で相当にもてたらしい。その話を聞いてから、日本人よりも華奢で小柄なくらいのマチルド講師の後姿を見ると、どこか陰翳と寂しさを感じるようになった。そして、ついに話しかける機会も二度となかった。しかし、出口氏の評論を読んだ後では、太黒博士も辰野金五と同じように、「実に汝は善き妻なりき」とマチルド夫人に感謝したにちがいないと勝手に想像をめぐらしている。やはり、〈よき時代〉というものは確実に存在したと信じたいからだろうか。

バブルに狂った日本人

『小説　ザ・ゼネコン』の舞台は、準大手ゼネコンの東和建設本社。時は、一九八七年、バブル最盛期の前夜である。大洋銀行の若手エリート行員の山本は、東和への出向を命ぜられた。そこで山本が目にしたのは、首相にまでなる有力政治家との癒着、総会屋とのつながり、経営拡大へのあくなきトップの野望、自他の格付けに敏感な銀行間の鋭い確執など、資本主義の自由競争の表面からはうかがえない闇のうごめきであった。

東和のオーナー社長和田は、かねてから野心のあった米国のホテル・チェーンの買収に成功するが、その過程で産業銀行からの支援を受けることになる。これは、従来の取引銀行の大銀や協和銀行との関係を薄めることを意味した。山本は社長の信頼を得ながら、こうした社業新展開の目撃者となるが、ときに直言も辞さない硬骨の士でもあった。

ところで、東和と産銀との提携強化と新人事を知らされていなかった協銀は、東和への融資を大幅に見直すことになる。このあたり、他社に人材を送りこむ産銀の鼻もちならぬエリート意識、各下の銀行でも意地を見せる競争意識などは、高杉氏達意の文章でノンフィクションの如き迫力で描かれている。また、大銀や協銀の頭取たちが東和や産銀の仕打ちに怒って、表情や仕草を修羅のように変える光景では、産業界のトップ・リーダーたちの暗闇と嫌がらせもよく書きこまれている。

大銀は、山本に加えて副社長として送りこんだ新井の手腕もあって、東和で産銀とのメーンバンクの二行並立を保つことに成功する。しかし小説は、東和の暗い将来を示唆するかのようにして結ばれる。

その一つは、後継者の問題である。暗愚な息子太一に社業を継がせたい和田は、東大法学部在学中の甥健一の入社に反対する。健一は、副社長だった父の早世に立ち会って亡父の志を継承しようとしたのだ。息子のことになると目が見えなくなる経営者も多い。山本は、人格と才器ともに申し分ない健一の入社を歓迎するといって社長に疎まれ、出向を解かれることになる。高杉氏は、個人企業や同族企業のワンマン経営の体質をたしなめるかのようだ。

第二は、五百億円くらいの事業規模になる成田近辺の大型ゴルフ場開発のプロジェクトである。会員券一口五千万円というのだから狂っているとしか言いようがない。呆れた虚の事業に産銀さえ関心をもったのだ。バブルに狂奔した時代の日本人の神経は月並ではなかった。しかも、青天井の交際費を公私混同で使う役員の醜聞も小説だけの創作とはいえないだろう。

高杉氏は、産業人やビジネスマンのさりげない彫琢に定評がある。同じ大銀から東和におくりこまれた人間でも個性と人格には大きな開きもある。大銀でも頭取の器だった新井は新天地でも温容と判断力で才を発揮する。反対に、刈田常務は山本に情報を細大漏らさずに伝えるように命じて山本の拒否にあう程度の小人物でしかない。

いよいよ小説は、関西新空港の護岸工事をめぐる談合事件の発覚で結びとなる。大銀に戻った山本は、そこでも「一選抜中の一選抜」として頭角を現すが、遠くから東和建設の事業を眺めながら、土地や株が異常な価格で値上がりする様子に不気味さを感じる。
高杉氏の結語は、バブルに狂った日本人がふと感じていた危惧を簡潔にまとめたものといえよう。「不意に言い知れぬ不安感に襲われ、山本は、身内のふるえるのを制しかねた」。

読んで面白い小説

水村美苗『本格小説』は本当に読んで面白い小説である。下巻などは徹夜して一晩で読みおわったほどだ。〈純文学〉のなかには、何が楽しくあれほど意味不明なタイトルを付して、難解な文章を使うのか当惑させられる作品も多い。それとくらべると、とにかく『本格小説』は分かりやすく面白いのである。恋愛小説の趣はもとより、家族小説ひいては大河小説の要素も含まれており、題名に恥じずに見事な「本格小説」になっている。しかし、基本は東太郎と宇田川よう子の燃え上がるような「超恋愛小説」というところだろうか。これは、『嵐が丘』のプロットと登場人物を巧みに再創造した作品といってもよい。

小説本体が始まる前に、「本格小説の始まる前の長い長い話」と題するニューヨークとロングアイランドを舞台としたストーリーが繰り広げられる。そこには、著者やその姉とおぼしき分身たちと、日本から徒手空拳で渡米して億万長者となる東太郎との出会いが「私小説」風に展開される。美苗なる妹は、太郎が日本の軽井沢に別荘を構えていることを知る。別荘の留守番の女性土屋冨美子から編集者が聞いた太郎の生い立ちとよう子との不思議な関係を軸に物語は進行する。中国からの引き揚げ者の縁につながる孤児同然の太郎をあれこれ面倒を見たのは、よう子の祖母である。これが太郎とよう子を結び付ける遠因となるが、芸者から正妻に直ったこの祖母の謹直さと「女中」の富美子の勤勉さが、不思議な陰翳をこの小説に与えている。

軽井沢の別荘で繰り広げられる三枝家の三姉妹、すなわちよう子の母と伯叔母たちの社交や会話は、爵位や帝大や洋行へのノスタルジアに充ちた俗臭粉々のものだが、上流志向にとらわれながら、ついに最終的上昇に成功しなかった旧世代の一部を見る思いがして面白い。また、基礎医学者のよう子の父が東大から北大に転任し、ストーリーは戦後の混乱期から安定期にかけて、成城、ニューヨーク、軽井沢、サッポロなどを舞台にめまぐるしく転変していく。その人間関係の複雑な連鎖と襞にもひかれるものが多い。よくもこれほど微妙な絵模様を、季節感と光や空気の描写とともに浮かび上がらせたものだと感心する。

太郎とよう子は、青年時代に特有の気負いと幻滅にも左右されて結ばれることはない。この失意が太郎を米国へ旅立たせる動機となる。二人の中を裂いたのは、祖母の死という偶然にもよるが、三枝家三姉妹の底意地の悪さに負う所が大きい。身分やら氏素性といった旧時代最後の古ぼけた感覚だといってしまえば話は簡単である。しかし、このあたりの凡庸かつ無教養な女性たちが醸し出すスノビズムと気取りに、何ともいえないリアリティがあり、時には笑いさえ誘う仕掛けになっている。いずれにせよ、米国で成功を収めた太郎は、相続税問題などで四苦八苦する三姉妹らの別荘を匿名かつ破格の条件で買い取る。

太郎は結婚していたよう子と再会し、夫の理解を得ながら交遊を深めるが、またしてもいくつかの誤解が生れて、よう子は死出の旅に出てしまう。軽井沢の別荘の構造にミステリーじみた雰囲気を与え、冨美子と太郎との謎めいた関係へ読者の想像力を高める技など、水村氏の小説手法には相当な冴えが見られる。この小説は、何よりも現代の中高生に読んでもらいたいものだ。現実のわれわれが得ることのむずかしい時空を超えた二人の愛と信頼感に素直に感動する若者も多いことだろう。

二十世紀パリの虚実

芸術家であれば誰でも、「写真の都」パリの風景と人間を陰翳あるいは燦然たる光のなかでとらえたいと思うだろう。写真は、絵画とならんで二十世紀パリの虚実をこよなく表現するものであった。

今橋映子氏は、比較文学の視野からパリの神話を読み解く仕事を重ねてきたが、今回新たに『〈パリ写真〉の世紀』によって、写真家たちの情熱の産物たる〈写真集〉や絵葉書を、共作した詩人たちの作品と読み合わせるなどのスリリングな試みに挑戦した。

氏によれば、〈パリ写真〉の特質は、一九二八年のグラフ雑誌『ヴュ』の創刊期から三〇年代そしてドイツ軍の占領期を経てパリ解放（四四年八月）までの第一期、五〇年代の隆盛期から八〇年代の厖大な絵葉書の出現までの第二期に分けて考察できるという。

葛飾北斎『富嶽三十六景』の影響を受けたアンリ・リヴィエールは、リトグラフ『エッフェル塔三十六景』の作者であるが、エッフェル塔工事の現場で写真をとっていた事実はあまり知られていない。浮世絵の構図を写真でも自由自在に活用した欧米の写真家は多い。興味深いのは、資生堂の社長福原信三が残した『巴里とセイヌ』というセピア色の写真集である。

福原は、俯瞰構図を多用した大胆な画面構成でアマチュア写真家の域を超え、パリという都市をテーマとした最初の日本人造形芸術家となったのである。驚くべきことに、福原の採用した繊細な光と影の描写は、江戸の浮世絵版画から学んだ西欧の写真家の新技法だったのだ。絵画のジャポニスムは、写真という新たな表現手法に受け継がれたともいえよう。

しかし、この書物の本領は、ブラッサイ（ジュラ・ハラース）やロベール・ドアノーといったフランスの有名写真家の作品分析に終始していない点にある。むしろドイツ軍によって写真撮影を禁止されたブラッサイが文筆でパリの真影を描いた意味や、当時無名だったドアノーが細々とカメラマンの仕事を続けた事実を、歴史のなかに位置づけているあたりに、写真家に強制された沈黙の重さがうかがわれるのだ。ドアノーは、ドイツ軍当局の歪んだパリ支配の現実を告発するといった陳腐な構図にこだわったわけではない。むしろドアノーは、ドイツ軍人の子を生んだ女性の頭を刈り上げにした「サディストの一団」を厳しく批判し、そうした〈猟奇的〉な写真をとることを拒否したのである。

今橋氏は、そこにフォトジャーナリストの「倫理」のあり方を見いだすのだ。他方、ブラッサイの「ビストロ＝タバ」（居酒屋兼タバコ屋）なる作品は、写真をとれない写真家が「会話体文学」でパリの写実を試みた特殊な仕事なのである。今橋氏は、これをプルースト文学の「想起」という創造的手法と関連づけ、さらに「無文字文学」や「口承文学」といった領域に比較とイマジネーションを飛躍させている。「ビストロ＝タバ」の言葉は、読者が聞き取るという行為のなかで、戦局の変化といった意味と現実の「変異」を担っているという。次のような会話は、歴史を学ぶ私のような者にはとくに興味深いのである。

——政治家なんていうのは、ろくでもないな。

——それでもシャルルマーニュやルイ十四世は…。

——ルイ十四世なんてえのも、うんざりだ。俺が独裁者だったら、「歴史」（l'Histoire）なんぞこの世から消して、歴史家たちを骨抜きにしてやる！

——だとしたらお前こそろくでなしだ。

——いや違うぞ。「歴史」も、戦争も無しだ。大体奴らは、「歴史をつくる」ために戦争しているんだからな。

——だったらお前さんがつくるんだな、「歴史」をよ。ジョジョ一世の世紀だ！

今橋氏は、これは匿名の声ながら歴史哲学の「引用」の一編になり得たかもしれないと述べるが、なるほど歴史について肯綮《こうけい》に中《あ》たっている会話かもしれない。いずれにせよ、ブラッサイが「カメラを持つことなく、私たちに都市写真のもう一つの可能性を指し示している」というのは、的確な歴史認識にもなっている。

戦後の〈パリ写真〉の流行は、ドアノーによる「市庁舎前のキス」の写真が話題になった後に始まった。「パリを愛し、パリに抱かれた写真家」ドアノーの作品については、われこそはモデルなりと主張する男女が出現してなにがしかの利益にありつこうとする。

しかし、実際には俳優たちを使った「演出写真」、早い話が「やらせ」スレスレの仕事だったのだ。今橋氏は「笑い事ではすまされなくなる」と指摘するが、私などにはおかしくてたまらない逸事である。フランス人の生真面目さと滑稽ぶりの同居も、〈パリ写真〉の妙味というべきであろうか。狭義の写真研究でなく比較文学論でもない「第四の領域」を目指した著書の意欲が十分にうかがえる野心的な力作と言えるだろう。

ラヴェルとガーシュウィン

モーリス・ラヴェルは、日本でもいちばん有名な作曲家といってもよいだろう。ある詩人の表現を借りるなら、多くの音楽愛好家がその人なりの理由からラヴェルに惹かれるからだ。『ボレロ』のような管弦楽曲、ピアノ曲、メロディーの美しさ。どれをとっても完成度の高い技巧は、人の心を活殺自在に動かすことができたのだろう。最近出されたベンジャミン・イヴリーの『**モーリス・ラヴェル　ある生涯**』を読むと、四十年以上にわたって作曲した約六十の作品のうちに、駄作や失敗作は一つとしてなかったらしい。まことに驚くほかない。ドビュッシーでさえ、ラヴェルの前に出ると色あせて見えるほどだ。

以前から関心があったのは、ラヴェルとガーシュウィンとの出会いである。いかにもフランスやアメリカらしい二大個性の出会いに、イヴリーがあまり関心をもたないのは残念なことだ。それでも、ガーシュウィンがラヴェルをサヴォイ・ボールルームに連れていった時の戸惑いを紹介している。ラヴェルは、マリファナを意味するスラングが分からず、テーブル上のグラスの中にある煙草をなぜ「グラス」というのか知りたがった。「どうしてこれを『グラス』と呼ぶのですか?」と。また、教えを乞うたガーシュウィンに対して、拙いラヴェルを書くよりも、上手なガーシュウィンをお書きなさい、とフランスの天才は忠告したものだ。ラヴェルの教えは、どの世界でも若い才能を育てようとするとき、あてはまる真理であろう。寧ろ鶏口と為るも牛後と為ること無れ《なか》(『戦国策』)というところか。これも日本の学問の一部にあてはまることは言うまでもない。

唐詩選を読む

中国の詩は、かつて日本の知識人にとり不可欠の教養であり、学生にも愛された。なによりも、日本語の基礎ともいえる漢字は、日本人の言語感覚を豊かにし、語彙や教養に広がりをもたらす糧ともなっていた。ことに李白や杜甫に代表される唐詩は、古くから日本人に好まれ、戦前には青少年の情操を深めたものである。しかし今となっては、文部省のいう〝ゆとり〟にもなじまず、受験科目に関係でもしなければ、漢文ましてや唐詩もかえりみる人は少ない。それでも、少し前までは、政治家や財界人の間にも、唐詩を愛する人は多かった。朝日新聞社の若宮啓文氏による『**戦後保守のアジア観**』のなかに興味深い逸話が紹介されている。

一九九二年三月に、「日中国交正常化協議会」の会長だった自民党の政治家小坂善太郎氏は、その二十周年を記念して訪中し、武漢の黄鶴楼に上った際、求められて崔顥《さいこう》の詩をすらすらと揮毫したという。それは、「黄鶴一去不復返　白雲千載空悠悠」(黄鶴一たび去って復た返らず　白雲千載空しく悠悠たり)という詩である。大意をいえば「そのかみの黄色の鶴は、飛び去ったまま、もう帰っては来ない。わずかに白い雲だけが、千年の昔も今も変わらぬ姿をとどめつつ流れていく」とでもなるだろうか。

黄鶴楼にまつわる中国の昔話に由来するこの七言律詩も、明代中期(十六世紀)の文学者、李攀《りはん》龍《りゅう》が編んだアンソロジー、『**唐詩選**』巻五に収められている。また、宮沢喜一氏が首相を辞任したとき、新聞記者たちに心境を聞かれると、「洛陽親友如相問　一片氷心在玉壺」(洛陽の親友　如《も》し相問わば　一片の氷心　玉壺《ぎょくこ》に在り)という七言絶句を引いた。やはり、『唐詩選』巻七に収められた王昌齢の作品である。もし洛陽の親友たちが私の消息を君にたずねたら、いまの私の心境は玉の壺に一片の氷のように澄み切った心が入っている如くだと伝えてほしい、というのだ。

何という美しい詩文であろうか。また、こうした素晴らしい詩を愛した先人の機智と教養が細々ではあっても、現在に継がれていることに素直に感動しなくてはならない。今回、前野直彬注解の岩波文庫旧版が解釈や読み下しを変えずに、佐藤保氏の補訂によって新版全三巻として出されたことは喜ばしい。

改めて、文庫の上巻から目を通すと、最初に懐かしい魏徴の「述懐」に出会うことになる。「人生感意気　功名誰復論」（人生意気に感ず　功名誰か復た論ぜんや）という五言古詩を若き日に口ずさんだ人も、すでに致仕《ちし》して新たな感慨で来し方をふりかえるかもしれない。「結果として得られる功名のことなど、誰が問題にするものか」といった気概は、私たちの人生を支えてくれた拠り所だったに違いない。巻四にある高適《こうてき》の五言排律は、これから『唐詩選』に接する若い人たちにも、苦境に直面したときに、生きる自信と勇気を与えてくれる糧となるだろう。「有才無不適　行矣莫徒勞」（才有らば適せざる無し　行けや　徒《いたず》らに労すること莫《な》かれ）。高適は、人間、才能さえあれば、どこへ行っても思うままにならぬことはない、と語っているのだ。では行きたまえ、お大事に、考えてもしかたのないことを、いつまでもくよくよと考えこむものではないよ、と。

それでも齢《よわい》を重ねて気の晴れない向きには、同じ巻四にある杜甫の詩を詠って、酒盃を傾けながら憂さを晴らすのもよいだろう。「世路雖多梗　吾生亦有涯　此身醒復醉　乘興即爲家」（世路梗《ふさ》ぐこと多しと雖《いえど》も　吾が生　亦涯《かぎ》り有り　此の身　醒《さ》めて復た酔う　興に乗じては即ち家と為さん）。世渡りの道にはいろいろと障害も多いが、くよくよしたところで、われわれの人生は限りのあるものだ。この身は酔いからさめて、また酔うことの繰り返し。興がわいたら、そこをそのままわが家とするだけのことさ。

しかし、古今東西を問わずに人間で大事なのは健康である。巻五の王維の七言律詩は、あくせくせずに長生きをすすめる詩として、現代人からも多くの共感を呼ぶはずだ。「世事浮雲何足問　不如高臥且加餐」（世事浮雲《せいじふうん》　何ぞ問うに足らん　如《し》かず　高臥《こうが》して且《しばら》く餐を加えんには）。王維は、世の中のことはすべて浮き雲のようにはかなく、とやかく問題にするほどのこともない、というのだ。むしろ、俗世を離れて自適の生活を送り、せいぜい健康に留意しながら長生きした方がよい、と。

私は、『唐詩選』を最初に読んだとき、自然描写の美しさ、旅立つ友への思い、遊侠や美姫の賛嘆に引かれたものである。しかし、今回改めて読みなおすと、むしろ人生の志や不条理に関わる含蓄に魅力を感じたのは、私が馬齢を重ねたからでもあろうか。『唐詩選』の魅力が、日本人の心を豊かにする糧となることを願ってやまない。

あとがき

『歴史家の書見台』というタイトルは、わが書物ながら本当に含蓄に富んでいる。書見台とは、本を読む台のことであるが、すでに和漢の古典を読む慣習をなくした現代の日本人にとって死語に等しい言葉かもしれない。最近読んだトマス・ディッシュの短編小説、「本を読んだ男」(浅倉久志訳)のなかに、次のような表現があった。

読書は死にかかった技術だ。もう一世紀あまりもむかし、映画が発明されたときから、読書は落ち目になった。そしていま現在、本物の読書家はシロサイのような絶滅危機種になっている。わたしがいう読書家とは、毎日数時間かならず本を手にとり、ページをめくり、そのページに印刷された活字を読む人間だ。それは自然な活動ではない。訓練と、応用と、野心が必要だ。

(『アジアの岸辺』国書刊行会、二〇〇四年所収)

私は、専門の研究以外にも、一日の間になにがしかの時間は本をひもとく人間だから、広い意味で「読書家」のなかに入るのかもしれない。しかし、やや極端な表現であっても、読書が「死にかかった技術」だと感じることも少なくない。若い学生や社会人と接していると、書物以外に楽しい趣味や生きがいを見出しているのを見て、それはそれでよいと思うと同時に、やはり一抹のさびしさを禁じえないこともある。読書は若者にとっても「自然な活動」であってほしいと願うのは、やはり私の職業のせいなのだろうか。

この書物は、二〇〇四年までの時期に、私が折にふれて新聞や雑誌に寄せた書評やエッセイ、さらに文庫本のために書いた解説などを集めたものである。私にいろいろな本を読む機会を定期的に与えてくれたのは、とくに『毎日新聞』学芸部である。知的なポテンシャリティの高い歴代の書評担当デスクや編集部員の方々との語らいは実に楽しいものである。とくに『竹橋通信』と題する編集者による内部連絡の巻頭エッセイの深い味わいを広く読者にお伝えできないのは残念である。また、『日本経済新聞』など不定期に書評を慫慂される新聞や雑誌の関係者にも御礼を申し上げておきたい。

また、本書とほぼ同時に『鬼平とキケロと司馬遷と』という本が岩波書店から上梓される。二つの書物は、モンテーニュやアイザイア・バーリンなどについて触れた部分では同じ書評やエッセイを基礎にしたこともあって、表現が酷似している箇所もある。読者の御海容を仰ぎたい。

とはいえ、『歴史家の書見台』は、だいそれた抱負や野心をもつ本ではない。それは読書好きの同好の士と本を読む楽しさを改めて分かちあい、互に読んだかもしれない本をめぐって共通の話題を深めたいと願ったものにすぎない。ことに、かつて『歴史家の本棚』(一九九五年)を出したみすず書房からちょうど十年ぶりに、書評集の続冊を出せるのは何にもまして嬉しいことだ。今回は、『歴史家の本棚』の体裁と違って、一種のエッセイ集の形をとることになった。書目一覧などにも、読者の便と楽しみをつねに考えながら親切な工夫を凝らしてくださったのは、みすず書房編集部の尾方邦雄氏である。いつもながら瀟洒な表紙と装丁をおつくりいただいたことにも感謝しなくてはならない。『歴史家の書見台』という素敵な題名を考えてくださったのも尾方氏にほかならない。

私は、みすず書房の書物を手にとるたびに、高校生の時分から胸がときめいたものだ。読書の楽しさを語る本を出すことになった幸せを改めてかみしめたいものである。

二〇〇五年一月　サウジアラビア出張から帰って

山内昌之

書目一覧（アイウエオ順）

『アイザイア・バーリン』マイケル・イグナティエフ　石塚雅彦・藤田雄二訳（みすず書房　2004）
『赤穂騒動　影の軍師』木村紃也（叢文社　1999）
『アジア国際通商秩序と近代日本』籠谷直人（名古屋大学出版会　2000）
『新しい大学教育を創る』梶田叡一（有斐閣　2000）
『アメリカ帝国への報復』チャルマーズ・ジョンソン（集英社　2000）
『アメリカ例外論　日欧とも異質な超大国の論理とは』S. M. リプセット　上坂昇・金重紘訳（明石書店　1999）
『誤りから救うもの』ガザーリー（ちくま学芸文庫　2003）
『アラビア砂漠』チャールズ・ダウティ　小野寺健訳（世界ノンフィクション全集 45　筑摩書房　1963）
『アラブに憑かれた男たち　バートン，ブラント，ダウティ』トマス・ジョゼフ・アサド　田隅恒生訳（法政大学出版局　2001）
『アラブ人間開発報告書 2003 概要』（国連開発計画東京事務所　2003）
『アラブの人々の歴史』アルバート・ホーラーニー　湯川武監訳　阿久津正幸編訳（第三書館　2003）
『アル・カーイダと西欧　打ち砕かれた「西欧的近代化への野望」』ジョン・グレイ　金利光訳（阪急コミュニケーションズ　2004）
『ある軍法務官の日記』小川関次郎（みすず書房　2000）
『アルファフリー　イスラームの君主論と諸王朝史』全 2 巻　イブン・アッティクタカー　池田修・岡本久美子訳（東洋文庫　平凡社　2004）

『イスラム過激原理主義』藤原和彦（中公新書　2001）
『イスラム教入門』中村廣治郎（岩波新書　1998）
『「イスラム原理主義」とは何か』山内昌之編（岩波書店　1996）
『イスラム再訪』上・下　V. S. ナイポール　斎藤兆史訳（岩波書店　2001）
『イスラーム世界の二千年』バーナード・ルイス　白須英子訳（草思社　2001）
『イスラム世界はなぜ没落したか？　西洋近代と中東』バーナード・ルイス　臼杵陽監訳　今松泰・福田義昭訳（日本評論社　2003）
『イスラーム的　世界化時代の中で』大塚和夫（NHK ブックス　2000）

書目一覧

『イスラムとアメリカ』山内昌之（岩波書店　1995）
『イスラームと開発　カラーコラムにおけるイスマーイール派の変容』子島進（ナカニシヤ出版　2002）
『イスラームに何がおきているか　現代世界とイスラーム復興』小杉泰編（平凡社　1996　増補版　2001）
『一冊でわかる　イスラーム』マリーズ・リズン　菊地達也訳（岩波書店　2004）
『一冊でわかる　歴史』ジョン・H. アーノルド　新広記訳（岩波書店　2003）
『一般社会学提要』ヴィルフレッド・パレート　姫岡勤訳　板倉達文校訂（名古屋大学出版会　1996）
『異文化理解』青木保（岩波新書　2001）
『イラク便り　復興人道支援221日の全記録』奥克彦（産経新聞ニュースサービス　2004）
『イラクとアメリカ』酒井啓子（岩波新書　2002）

『エピソードでつづる義歯の歴史』John Woodforde　森隆訳（口腔保健協会　1987）

『オリエンタリズム』上・下　エドワード・W. サイード　今沢紀子訳（平凡社ライブラリー　1993）
『女たちのジハード』篠田節子（集英社文庫　2000）

『回顧する日本外交　1952-2002』村田良平（都市出版　2004）
『解読　古代文字への挑戦』矢島文夫（朝日選書　1980）
『海洋をめぐる世界と日本』村田良平（成山堂書店　2001）
『がえん忠臣蔵』羽山信樹（講談社　1996）
『華族たちの近代』浅見雅男（NTT出版　1999）
『角川世界史辞典』西川正雄ほか編（角川書店　2001）
『悲しき帝国陸軍』高原友生（中央公論新社　2000）

『キケロ　ヨーロッパの知的伝統』高田康成（岩波新書　1999）
『貴腐　みだらな迷宮』藤本ひとみ（文春文庫　2003）
『ギリシア哲学者列伝』ディオゲネス・ラエルティオス　加来彰俊訳（岩波文庫　1984-1994）
『ギルガメシュ叙事詩』矢島文夫訳（ちくま学芸文庫　1998）
『岐路に立つ歴史家たち　20世紀ロシアの歴史学とその周辺』土肥恒之（山川出版社　2000）
『禁じられた敵討』中村彰彦（文春文庫　2003）
『近代・イスラームの人類学』大塚和夫（東京大学出版会　2000）
『近代イスラームの挑戦』山内昌之（世界の歴史20　中央公論社　1996）

『近代ロシア文学の成立と西欧』白倉克文（成文社　2001）

『グローバリズムへの叛逆　反米主義と市民運動』小倉和夫（中央公論新社　2004）

『現代アラブの社会思想』池内恵（講談社現代新書　2001）
『現代イラン　神の国の変貌』桜井啓子（岩波新書　2001）
『原爆から水爆へ』リチャード・ローズ／小沢千恵子，神沼二真（紀伊国屋書店　2001）

『こう変わる学校こう変わる大学』遠山敦子（講談社　2004）
『高坂正尭著作集』1-8　高坂正尭著作集刊行会編（都市出版　1998-2000）
『皇女セルマの遺言』上・下　ケニーゼ・ムラト　白須英子訳（清流出版　2003）
『国史上の社会問題』三浦周行（岩波文庫　1990）
『国体論及び純正社会主義』北一輝（北一輝著作集１　みすず書房　1959）
『告白』上・下　アウグスティヌス　服部英次郎訳（岩波文庫　1976）

『最暗黒の東京』松原岩五郎（岩波文庫　1988）
『砂漠の戦争　イラクを駆け抜けた友，奥克彦へ』岡本行夫（文藝春秋　2004）
『サミュエル・ジョンスン伝』ヂェームス・ボズウェル　神吉三郎訳（岩波文庫　1941-1946）

『『史記』二二〇〇年の虚実　年代矛盾の謎と隠された正統感』平勢隆郎（講談社　2000）
『思想課題としてのアジア　基軸・連鎖・投企』山室信一（岩波書店　2001）
『嫉妬の世界史』山内昌之（新潮社　2004）
『支那革命外史』北一輝（北一輝著作集２　みすず書房　1959）
『市販本　新しい歴史教科書』西尾幹二ほか（扶桑社　2001）
『シベリア出兵　革命と干渉 1917-1922』原暉之（筑摩書房　1989）
『資本論を読む』上・下　ルイ・アルチュセールほか　今村仁司訳（ちくま学芸文庫　1996, 1997）
『小説　ザ・ゼネコン』高杉良（ダイヤモンド社　2003）
『情熱のノマド　女性探検家フレイア・スターク』上・下　ジェーン・フレッチャー・ジェニス　白須英子訳（共同通信社　2002）
『シリア縦断紀行』1, 2　G. L. ベル　田隅恒生訳（平凡社東洋文庫　1994, 1995）
『新戦争論　グローバル時代の組織的暴力』メアリー・カルドー　山本武彦・渡部正樹訳（岩波書店　2003）

『聖戦　台頭する中央アジアの急進的イスラム武装勢力』アハメド・ラシッド　坂井定雄・伊藤力司訳（講談社　2002）

書目一覧

『聖戦の歴史　十字軍遠征から湾岸戦争まで』カレン・アームストロング　塩尻和子・池田美佐子訳（柏書房　2001）
『聖典「クルアーン」の思想　イスラームの世界観』大川玲子（講談社現代新書　2004）
『世界民族問題事典　新訂増補』松原正毅・NIRA ほか編（平凡社　2002）
『千夜一夜物語』1-11　リチャード・バートン　大場正史訳（ちくま文庫　2003-2004）

『ソーシャルパワー　社会的な〈力〉の世界歴史』1　森本醇・君塚直隆訳（NTT 出版　2002）
『その日の吉良上野介』池宮彰一郎（新潮文庫　1998）

『大尉の娘』プーシキン　神西清訳（岩波文庫　1947）
『大学倒産　定員割れ，飛び級，独立行政法人化』中村忠一（東洋経済新報社　2000）
『大正天皇』原武史（朝日選書　2000）
『高木惣吉日記と情報』伊藤隆ほか編（みすず書房　2000）
『辰野隆・日仏の円形劇場』出口裕弘（新潮社　1999）
『竹内好「日本のアジア主義」精読』松本健一（岩波現代文庫　2000）
『タリバン　イスラム原理主義の戦士たち』アハメド・ラシッド　坂井定雄・伊藤力司訳（講談社　2000）
『団塊世代の経済学』W. スターリング，S. ウェイト　田中浩子訳（日経 BP 社　2000）

『知恵の七柱』1-3　T. E. ロレンス　柏倉俊三訳（平凡社東洋文庫　1969-1971）
『地中海』1-5　フェルナン・ブローデル　浜名優美訳（藤原書店　1991-1995）
『地中海都市周遊』陣内秀信・福井憲彦（中公新書　2000）
『知のたのしみ　学のよろこび』京都大学文学部編（岩波書店　2003）
『中東の誕生　切手で読み解く中東・イスラム世界』内藤陽介（竹内書店新社　2002）
『中東　大変貌の序曲』脇祐三（日本経済新聞社　2002）

『帝国以後　アメリカ・システムの崩壊』エマニュエル・トッド　石崎晴美訳（藤原書店　2003）
『帝国と国民』山内昌之（岩波書店　2004）
『帝国の研究　原理・類型・関係』山本有造編（名古屋大学出版会　2003）
『帝国の時代』エリック・ホブズボーム　野口建彦・野口照子訳（みすず書房　1993, 1999）
『帝国の興亡』上・下　ドミニク・リーベン　袴田茂樹監修・松井秀和訳（日本経済新聞社　2005）

『遠い隣国　ロシアと日本』木村汎（世界思想社　2002）
『東京大学は変わる　教養教育のチャレンジ』浅野攝郎ほか編（東京大学出版会　2000）

『唐詩選』上・中・下　前野直彬注解（岩波文庫　2000）
『都市の破壊と再生』福井憲彦・陣内秀信編（相模書房　2000）

『ナイルに死す』アガサ・クリスティー　加島祥造訳（ハヤカワ文庫　2003）
『納得しなかった男　エンヴェル・パシャ　中東から中央アジアへ』山内昌之（岩波書店　1999）

『20世紀との訣別　歴史を読む』蓮實重彦・山内昌之（岩波書店　1999）
『20世紀の歴史家たち』1-4　今谷明・尾形勇・樺山紘一・小畑洋一編（刀水書房　1997-2001）
『二・二六事件全検証』北博昭（朝日選書　2003）
『日本外交文書』（外務省　1917）
『日本改造法案大綱』北一輝
『日本古代内乱史論』北山茂夫（岩波現代文庫　2000）
『日本資本主義発達史』上・下　野呂栄太郎（岩波文庫　1983）
『日本の下層社会』横山源之助（岩波文庫　1985）

『年表世界史事典』（平凡社　1960）

『バグダッド憂囚　商社マン・獄中の608日』吉松安弘（PHP文庫　2003）
『幕末気分』野口武彦（講談社　2002）
『バスティーユの陰謀』藤本ひとみ（文春文庫　2002）
『〈パリ写真〉の世紀』今橋映子（白水社　2003）
『パレスチナ報道官わが大地への愛』ハナン・アシュラウィ　猪俣直子訳（朝日新聞社　2000）
『パンと競技場　ギリシア・ローマ時代の政治と都市の社会学的歴史』ポール・ヴェーヌ　鎌田博夫訳（法政大学出版局　1998）

『引き裂かれる世界』サミュエル・ハンチントン　山本暎子訳（ダイヤモンド社　2002）
『美男忠臣蔵』鈴木輝一郎（講談社文庫　2000）
『ヒトラーとスターリン』アンソニー・リード，デーヴィッド・フィッシャー　根岸隆夫訳（みすず書房　2001）
『評伝　北一輝』I〜V 松本健一（岩波書店　2004）
『貧困と飢饉』20000625 アマルティア・セン　黒崎卓，山崎幸治訳（岩波書店　2000）
『ビンラディン　アメリカに宣戦布告した男』ヨセフ・ボダンスキー　鈴木主税訳（毎日新聞社　2001）

『フランス革命についての省察』上・下　エドマンド・バーク　中野好之訳（岩波文庫　2000）
『文明史のなかの明治憲法　この国のかたちと西洋体験』瀧井一博（講談社選書メチエ　2003）
『文明の衝突』サミュエル・ハンチントン　鈴木主税訳（集英社　1998）
『文明の衝突という欺瞞　暴力の連鎖を断ち切る永久平和論への回路』マルク・クレポン　白石嘉治編訳（新評論　2004）
『文明の対話』モハンマド・ハタミ　平野次郎訳（共同通信社　2001）

『平成 14 年防衛白書』防衛庁編（財務省印刷局　2002）
『平和を破滅させた和平　中東問題の始まり「1914-1922」』上・下　デイヴィッド・フロムキン　平野勇夫・椋田直子・畑長年訳（紀伊国屋書店　2004）

『ボルヘスのイギリス文学講義』J. L. ボルヘス　中村健二訳（国書刊行会　2001）
『本格小説』上・下　水村美苗（新潮社　2002）

『マルクスのために』ルイ・アルチュセール　河野健二ほか訳（平凡社ライブラリー　1994）

『密約外交』中馬清福（文春新書　2002）
『未来は長く続く　アルチュセール自伝』ルイ・アルチュセール　宮林寛訳（河出書房新社　2002）
『民主帝国アメリカの実像に迫る』毎日新聞社取材班編著（毎日新聞社　2003）
『名君の碑　保科正之の生涯』中村彰彦（文春文庫　2001）

『木曜日の男』G. K. チェスタートン　橋本福夫訳（早川書房　1111）
『モンテーニュ　エセー抄』宮下志朗編訳（みすず書房　2003）
『モーリス・ラヴェル　ある生涯』ベンジャミン・イヴリー　石原俊訳（アルファベータ　2002）

『闇の歴史，後南朝　後醍醐流の抵抗と終焉』森茂暁（角川選書　1999）

『ユーラシアの世紀』秋野豊（日本経済新聞社　2000）

『リオリエント　アジア時代のグローバル・エコノミー』アンドレ・グンダー・フランク　山下範久訳（藤原書店　2000）
『六朝貴族制社会の研究』川勝義雄（岩波書店　1982）
『梁啓超年譜長編』第 1 巻（1873～1899）　丁文江・趙豊田編　島田虔次編訳（岩波書店

2004)

『歴史学の〈危機〉』ジェラール・ノワリエル　小田中直樹訳（木鐸社　1997）
『歴史序説』イブン＝ハルドゥーン　森本公誠訳（岩波文庫　2001）
『新編　歴史と人物』三浦周行　林屋辰三郎・朝尾直弘編（岩波文庫　1990）
『歴史とは何か』E. H. カー　清水幾太郎訳（岩波新書　1962）
『歴史とはなにか』岡田英弘（文春新書　2001）
『歴史をどう書くか　歴史認識論についての試論』ポール・ヴェーヌ　大津真作訳（法政大学出版局　1982）

『ロード・ジム』上・下　ジョセフ・コンラッド　鈴木健三訳（講談社文芸文庫　2000）
『ローマ人の愛と性』木村凌二（講談社現代新書　1999）
『ローマ帝国衰亡史』1-9　エドワード・ギボン　中野好夫・中野好之訳（ちくま学芸文庫　1995-1996）

初出一覧

I　イスラーム世界を知るために

イスラームの未来はどうなるか　M.リズン『一冊でわかる　イスラーム』(岩波書店 2004)
アル・カーイダと西欧　エコノミスト 2004. 6. 29
アメリカに宣戦布告した男　毎日新聞 2001. 12. 9
対テロ戦争を読み解く　毎日新聞 2001. 10. 28
中央アジアの急進的イスラーム武装勢力　毎日新聞 2002. 5. 19
聖戦の歴史　東京新聞 2001. 4. 1
神の国の変貌　毎日新聞 2001. 8. 19
イラクとアメリカ　毎日新聞 2002. 9. 8
大変貌の序曲　毎日新聞 2003. 2. 9
現代アラブの社会思想　毎日新聞 2002. 4. 21
イスラーム世界はなぜ没落したか　毎日新聞 2003. 7. 27
平和を破滅させた和平　日本経済新聞 2004. 10. 3
イスラーム世界の二千年　日本経済新聞 2001. 9. 2
アラブの人びとの歴史　日本経済新聞 2004. 3. 14
誤りから救うもの　毎日新聞 2003. 11. 30
帝王学の教科書　毎日新聞 2004. 10. 24
人びとの出会いと交流　毎日新聞 2000. 8. 27
イスラームの人類学　毎日新聞 2000. 10. 22
切手で読み解く中東世界　毎日新聞 2002. 7. 28
アラブに憑かれた男たち　東京新聞 2001. 11. 25
イスラーム再訪　日本経済新聞 2001. 3. 4
皇女の遺言　毎日新聞 2003. 9. 28
女性版「ロレンス」　週刊ダイヤモンド 2002. 8. 10・17
イラクを駆け抜けた友　毎日新聞 2004. 4. 18
イラク人の心を理解するために　毎日新聞 20004. 4. 18
ユーラシアの世紀　エコノミスト 2000. 9. 12
文明の対話　毎日新聞 2001. 6. 17

パレスチナへの愛　毎日新聞 2001. 1. 28
『バグダッド憂囚』をこう読む　吉松安弘『バグダッド憂囚』(PHP 文庫　2003)

II　帝国とはなにか

無敵帝国の神話　週刊ダイヤモンド 2000. 1. 1・8
引き裂かれる世界　週刊現代 2002. 11. 30
文明の衝突という欺瞞　北海道新聞 2004. 3. 7
現代の帝国　毎日新聞 2004. 1. 11
帝国以後　日本経済新聞 2003. 5. 18
帝国への報復　エコノミスト 2000. 8. 8
新しい戦争　日本経済新聞 2003. 3. 23
帝国の興亡　エコノミスト 2003. 2. 18
〈力〉の世界歴史　毎日新聞 2003. 1. 12
原爆から水爆へ　日本経済新聞 2001. 7. 28
ポストアメリカの世界像　日本経済新聞 2001. 1. 1
欧米中心史観に異論　日本経済新聞 2000. 11. 5
〈読む事典〉の魅力　毎日新聞 2002. 12. 1
貧困と飢饉　毎日新聞 2000. 6. 25
グローバリズムへの叛逆　毎日新聞 2004. 9. 14

III　歴史と教育

二十世紀と訣別する歴史学　週刊ダイヤモンド 1999. 2. 13
二十世紀の歴史家たち　毎日新聞 2001. 5. 20
ユニークな歴史入門　毎日新聞 2003. 6. 22
歴史とはなにか　毎日新聞 2001. 4. 22
アイザイア・バーリン　毎日新聞 2004. 7. 25
歴史家の三つのタイプ　週刊ダイヤモンド 2003. 7. 12
偉人と英雄　週刊ダイアモンド 2000. 11. 25
岐路に立つ歴史家たち　毎日新聞 2000. 5. 7
ヒトラーとスターリン　毎日新聞 2001. 9. 2
歴史の躍動感 『ことし読む本いち押しガイド 2001』(メタローグ 2000 年)
二面性について語る　毎日新聞 2001. 7. 8

男同士の嫉妬の恐ろしさ　波 2001. 2
高等教育の危機　毎日新聞 2000. 6. 4
変わる大学　毎日新聞 2004. 6. 20
知のたのしみ　学のよろこび　毎日新聞 2003. 5. 18
国際協力を志すなら　毎日新聞 2004. 3. 21

IV　アジアのなかの日本

悲劇性と滑稽ぶり　中村彰彦『禁じられた敵討』(文春文庫　2003)
後南朝と忠臣蔵　本の旅人 1998. 1
東京の貧民食堂　週刊ダイヤモンド 1999. 7. 10
世界史の次元で日本を考える　第 2 回角川財団学芸賞贈呈式パンフレット 2004. 12. 6
世論が舵を切ったシベリア出兵　週刊ダイヤモンド 1999. 7. 10
偉大な政治家がよみがえる　毎日新聞 2004. 2. 15
華族万華鏡　週刊ダイヤモンド 2000. 7. 29
等身大の大正天皇　毎日新聞 2000. 12. 17
北一輝の多面性　毎日新聞 2004. 11. 28
竹内好の苦闘　毎日新聞 2000. 7. 23
二・二六事件の検証　毎日新聞 2003. 3. 16
ある軍法務官の日記　毎日新聞 2000. 9. 24
終戦史の真相　週刊ダイヤモンド 2000. 9. 30
ロシアと日本　毎日新聞 2002. 6. 23
異文化の理解　東京新聞 2001. 8. 19
思想課題としてのアジア　毎日新聞 2002. 2. 17
密約外交　毎日新聞 2003. 4. 20
わかりやすくスマートな白書　毎日新聞 2002. 10. 14
外交とはなにか　毎日新聞 2004. 5. 23

V　楽しみとしての読書

古代文字の解読　週刊ダイヤモンド 2002. 3. 4
ローマ史の結婚と「汚れた性」　週刊ダイヤモンド 2000. 2. 16
スコットとシェイクスピア　毎日新聞 2001. 3. 4
ワシントンの義歯　週刊ダイヤモンド 2002. 2. 16

エリートの周流　週刊ダイヤモンド 2000. 2. 5
幕末の気分　日本経済新聞 2002. 4. 7
未来は長く続く　東京新聞 2003. 3. 2
男と女の三色旗　週刊ダイヤモンド 1999. 5. 15
バブルに狂った日本人　毎日新聞 2003. 10. 26
読んで面白い小説　毎日新聞 2002. 10. 27
二十世紀パリの真実　毎日新聞 2003. 8. 24
ラヴェルとガーシュウィン　図書 2003. 1 月号
唐詩選を読む　毎日新聞 2000. 11. 12

著者略歴

(やまうち・まさゆき)

1947(昭和22)年札幌に生れる．1971年北海道大学文学部卒．学術博士（東京大学）．カイロ大学客員助教授，東京大学教養学部助教授，トルコ歴史協会研究員，ハーバード大学客員研究員などを経て1993年より東京大学大学院総合文化研究科教授．国際関係史とイスラーム地域研究を専攻．1984年に『現代のイスラム』（朝日新聞社）で発展途上国研究奨励賞，1986年に『スルタンガリエフの夢』（東京大学出版会）でサントリー学芸賞，1990年に『瀕死のリヴァイアサン』（TBSブリタニカ）で毎日出版文化賞，1991年に『ラディカル・ヒストリー』（中央公論社）で吉野作造賞，2001年には『納得しなかった男』（岩波書店）などで司馬遼太郎賞，2002年に『岩波イスラーム辞典』（共編著，岩波書店）で二度目の毎日出版文化賞をそれぞれ受賞．編集委員として『岩波講座・世界歴史』『岩波講座・開発と文化』『中公・世界の歴史』（中央公論新社）などの企画と刊行にもあたる．最新著には，『歴史の作法』（文春新書）『帝国と国民』（岩波書店）『歴史としてのイラク戦争』（NTT出版）『嫉妬の世界史』（新潮新書）など．

山内昌之
歴史家の書見台

2005年2月28日　印刷
2005年3月10日　発行

発行所　株式会社 みすず書房
〒113-0033　東京都文京区本郷5丁目32-21
電話　03-3814-0131(営業)　03-3815-9181(編集)
http://www.msz.co.jp

本文印刷所　三陽社
扉・表紙・カバー印刷所　栗田印刷
製本所　鈴木製本所

Printed in Japan
ISBN 4-622-07133-9

歴史のつづれおり	井出孫六	2520
モンテーニュ エセー抄 大人の本棚	宮下志朗編訳	2520
フランス革命の省察	E. バーク 半澤孝麿訳	3675
地中海世界	F. ブローデル編 神沢栄三訳	3885
文明の文法 I 世界史講義	F. ブローデル 松本雅弘訳	6090
文明の文法 II 世界史講義	F. ブローデル 松本雅弘訳	4935
アイザイア・バーリン	M. イグナティエフ 石塚・藤田訳	6300
七つの夜	J. L. ボルヘス 野谷文昭訳	2520

(消費税 5%込)